KB220918

콘서트마태 vol.3

크리스천의 곤고한 적 외식
外飾

류황희

콘서트마태 vol.3
크리스천의 곤고한 적 외식 外飾

초판 1쇄 인쇄 2019년 10월 5일
초판 1쇄 발행 2019년 10월 15일

지은이 류황희
펴낸이 백도연
펴낸곳 도서출판 세움과비움

신고번호 제2012-000230호
주 소 서울 마포구 양화로16길 2층
Tel. 070-8862-5683
Fax. 02-6442-0423
seumbium@naver.com

ISBN 978-89-98090-29-6

값 12,800원

콘서트마태 vol.3

크리스천의 곤고한 적 외식
外飾

류황희

세움과비움
Seum&Bium

서문 ; 그리스도인의 시간은 미래에서 현재로 흐릅니다.

하나님께서는 우리를 그 나라 백성답게 만드실 것입니다.
이것이 우리의 운명이며 이 일을 결코 포기하지 않으십니다.
그렇기에 우리의 운명은 이미 결정되어 있습니다.
미래를 내가 만드는 것이 아니라 그 시간이 우리를 지배하고 있
습니다.
미래가 오늘, 나를 만드는 것입니다.
그 시간이 우리에게 어떤 선택들을 하도록 요청하고 있습니다.

미래가 요청한 오늘의 내가 되지 않으면 안 됩니다.
돌고 돌아서 다시 그 자리에 와서 시작하게 됩니다.

'오늘의 나'가 '미래의 나'로 요청 받는 것을
우리는 '고난'이라고 부릅니다.
요청된 나를 거부하고 거스르면 고난의 시간이 길어지며,
고통도 커지게 됩니다.

성경 말씀은 '미래의 나'를 보여줍니다.

그 위대함을 기대하게 합니다.

'미래의 나'를 향한 오늘의 수고로움을 즐기게 됩니다.

객사하는 부랑자의 허무를 벗고,

생명의 의미를 발견하게 됩니다.

어찌할 수 없이 행복하게 만듭니다.

〈콘서트마태 3 외식〉은 예수님의 산상수훈 중에서 마지막 부분, 6-7장을 살펴봅니다. 마태복음은 하나님 나라의 건국 전쟁사입니다. 1권은 예수님께서 이 땅에 오셔서 하나님 나라가 태동하는 장면을 그리고 있습니다. 2권은 하나님 나라의 헌법을 선언하시는 장면입니다.

이번 3권에서는 하나님 나라 백성들을 군사로 훈련시키십니다. 영적 군사의 기초 제식훈련은 구제, 기도, 금식입니다. 우리는 구제와 기도와 금식은 신앙행위로 인정되고 하나님께 칭찬 받을 일이라고 여깁니다.

그러나 예수님께서는 구제와 기도와 금식의 바른 성취를 요구하십니다. 특히 그리스도인의 기도는 이방인의 기도와 달라야 한다고 경계하셨습니다. 우리에게 그들을 본받지 말라고까지 하셨습니다. 우리를 이방인의 기도로부터 구원하여 바른 기도에 이르도록 주기도를 가르치셨습니다. 주기도를 연구하면 바른 기도를 배우고 하나님 나라 군사로서의 능력을 얻게 됩니다.

또한 예수님께서는 우리를 향한 적의 공격에 대해서도 가르치셨습니다. 영적 군사로서의 전투력을 잃고 넘어지게 만드는 적극적인 공격을 '염려'라고 하십니다. 이를 방어할 수 있도록 여러 비유를 통해서 '염려하지 말라'고 강조하고 또 강조하십니다. 뿐만 아니라 적의 계략과 함정에 빠지지 않도록 '양의 탈을 쓴 이리'인 거짓 선지자 분별하는 법까지 소상히 알려주셨습니다. 그런데도 우리가 실패한다면 이렇게 기도하라 하셨습니다.

"시험에 들게 하지 마시옵고 다만 악에서 구하옵소서"

콘서트마태 시리즈는 마태복음 전체를 빼놓지 않고 전부 다루고자 합니다. 웬만한 궁금증과 질문에 쉽게 답을 드리려고 노력했습니다. 마태복음을 읽으면서 이 책을 함께 본다면 생각하지 못했던 질문과 답을 통해 영적양식의 풍요를 누리실 수 있을 것입니다.

매화가 핀 마옥당에서 목사 류황희

Contents

1 누가 상을 얻지 못하는가?

마태복음 6장 1절

----

¹사람에게 보이려고 그들 앞에서 너희 의를 행치 않도록 주의하라 그렇지 아니하면 하늘에 계신 너희 아버지께 상을 얻지 못하느니라

예수님께서는 팔복으로 하나님나라 백성의 성격을 선언하셨고, 그들이 세상에서 어떤 역할을 하고 어떤 위치에 서게 될 것인가를 말씀하셨습니다. 그 다음에 하나님 나라 백성이 가지는 의가 유대교가 가진 의와 얼마나 다른 것인지 말씀해 주셨습니다. 먼저 생명의 존귀함에 대한 내용으로 시작하여 고귀한 생명의 번성을 감당하는 기관인 가정이 거룩하고 순결하게 서도록 간음과 음행, 이혼 등을 가르치셨습니다.

또 인간이 사회를 형성해 나갈 때에 깊은 신뢰관계가 토대를 이루어야 하기에 맹세하지 말라고 명령하셨습니다. 그리고 그런 사회를 어떻게 치리해 나가야 하는지 말씀하시면서 '눈은 눈으로, 이는 이로'라는 법이 왜곡되어 있는 것을 지적하여 바로잡으시고 본의를 밝히 보여주셨습니다.

그 다음 마지막으로 원수를 사랑하라고 하셔서 하나님께서 인간을 얼마나 사랑하시는지 다시금 확인시키셨습니다. 그리스도인들에게 원수란 개인의 대적자를 의미하는 것이 아닙니다. 하나님 나라에 대한 대적을 의미합니다. 예수님께서는 이런 원수들을 사랑하라고 하셨습니다. 사랑하라고 하신다고 그들이 하고자 하는 일을 가서 돕고, 무슨 짓을 하든지 지지하고 나서라는 말씀이 아닙니다. 하나님 나라 원수들이 하는 일은 하나님 나라와 그 백성들을 괴롭히고 방해하며, 환난과 고통을 더하는 일인데, 이런 것을 가서 돕는 것은 있을 수 없습니다.

그보다는 원수라고 하여도 여전히 하나님 형상을 따라 지어진 존재라는 측면에서 그 존재를 사랑하라는 말씀입니다. 하나님 형상으로서의 인간이 속절없이 사그라지는 상황에서 원수라고 보고 있지만 말고 마음에 불쌍함을 가지고 구제하란 말씀입니다. 원수가 그런 환난에 빠졌다는 사실만으로도 이미 하나님께서 큰 형벌을 내리셨다는 실증이기 때문입니다.

그런 실증을 보고 원수의 고통을 보면서 고소해한다면 자신이 죄인이라는 것을 잊은 것입니다. 하나님께서 죄를 강력히 심판하신다는 사실을 눈으로 보고서 자신의 죄에 대해서 강한 경고를 얻어야 마땅합니다. 그런데 마치 자신은 죄가 전혀 없는 자이거나 죄가 있더라도 하나님의 진노가 내리지 않을 것이라는 헛된 망상을 가지고서 그저 원수의 넘어짐만을 즐거워한다면 하나님 나라 백성다운 바른 태도가 아닙니다.

; 외식하지 말라

먼저 마태복음 6장에 대한 개관적(槪觀的)인 설명을 하고자 한다면 6장에서는 종교행위와 관련된 교훈을 하셨습니다. 5장에서는 해석과 신학적 정리로써 유대교의 신학자들, 랍비와 서기관들과 관련된 내용이라면, 6장에서는 실천과 관련된 부분으로써 바리새인들과 관련된 가르침입니다. 마태복음 6:1을 다시 한 번 보겠습니다.

> ᵐᵃ⁶:¹사람에게 보이려고 그들 앞에서 너희 의를 행치 않도록 주의하라 그렇지 아니하면 하늘에 계신 너희 아버지께 상을 얻지 못하느니라

사람들에게 보이기 위한 종교행위를 하지 말라고 경고하셨습니다. 이것을 성경은 '외식(外飾)'이라고 합니다. 가식적 태도를 말합니다. 이 6장에서 세 가지 종교적 행위와 관련하여 교훈하셨습니다. 금식, 기도, 구제를 사람들이 보는데서 하지 말라는 말씀입니다. 이 말씀은 너무도 당연한 말씀입니다. 구제할 때에 사람들 앞에서 자랑하면서 칭찬을 바라면서 하지 말고, 기도도 사람들 앞에서 자신의 종교적 열심과 수준을 드러내는 행위로써 하지 말고, 또한 금식도 얼굴에 슬픈 기색을 내지 말고 오히려 평상시와 같이하여 다른 사람들이 모르게 하라고 하신 이러한 가르침은 누구든 당연하다고 여길 수 있습니다.

그럼에도 불구하고 종교적 오류와 망상 가운데 빠져들게 된다면 제대로 보이지 않게 됩니다. 이들이 사람들 앞에 보이고자 한 것은 나름대로 논리적 이유가 있었습니다. 이들은 자신들의 종교적 행위를 다른 사람들에게 보임으로써 인본주의적 효과를 노렸습니다. 자신들의 금식과 기도와 같은 종교적 열심과 노력, 구제와 같은 선한

행실을 좀 더 많은 사람들에게 보여줌으로써 이런 행위를 본받게 해야겠다는 이론을 가졌습니다. 대단히 유치한 수준의 자기 잘난 척을 하면서도 자신들은 거룩하고 고결한 행위로 여겼습니다. 종교적 논리에 끌려 다닌 결과입니다.

6장에서는 대표적 종교행위들인 금식과 기도 그리고 구제라는 세 가지 행위의 오용을 지적하시고 그 행위들의 참다운 자태가 어떤 것인지 가르치셨습니다. 예수님께서는 이것을 구제 다음에 기도, 그 다음에 금식이라는 순서로 말씀하셨는데, 이는 우리가 외면으로 접하게 되는 순서에 따라서 말씀하신 것입니다. 하지만 그 일의 발생 순서는 오히려 금식이 먼저고, 다음이 기도이고, 마지막이 구제입니다. 그렇기에 우리는 이 시간에 발생 순서에 따라서 간략히 정리하고 각 본문에 가서 더 상세한 말씀을 드리겠습니다.

; 금식

금식은 흔히 최고의 종교적 행위로 여겨지며, 가장 어려운 고행으로 인정됩니다. 금식을 통한 고행으로 죄를 씻어낸다든지, 더 나가서 신비한 영적 세계와의 접촉과 소통이 일어나게 될 것이라는 관념 때문입니다. 하지만 금식은 결코 그런 공로이거나 신비한 세계로 들어가는 방법이 아닙니다. 오히려 금식은 어떤 의미에서는 하나님과 인격적 교제와 관계가 없는 행위입니다. 금식은 하나님과 인격적 교제 이전의 문제이기 때문입니다. 금식이란 하나님과 교제를 통한 신앙과 상관없는 자신 쪽에서 일어나는 문제의 정리입니다.

금식의 참의미는 고행이 아닙니다. 고행의 공로로 죄를 씻고, 영적 복과 육적 복을 받는 것이 아닙니다. 철저한 자기부인 입니다. 자신의 실존적 존재를 부정하는 행위입니다. 실존적 인간은 먹어야 삽니다. 금식으로 실존적 삶의 원동력을 끊는 것입니다. 그렇게 하여 자신이 오직 하나님께 속한 존재임을 스스로에게 확인시키며 경계를 유념케 합니다. 그렇기에 금식은 최고의 신앙행위가 아니라 신앙의 시작입니다.

　세상의 자연인들은 결코 자신의 실존적 존재됨을 부인할 수 없습니다. 그러나 그리스도인이 된다는 것은 바로 그러한 실존을 버리고 새로운 존재가 된다는 것을 의미합니다. 새로운 존재란 하나님 나라 백성됨 입니다. 이전에는 내가 나의 주인이며 왕으로서 자신의 삶을 경영하면서 살았다면, 이제는 내가 왕이 아니요 하나님께서 나의 왕이시며 나를 지배하시며 나는 그의 통치를 받는 백성임을 인식하는 것입니다.

　이런 삶의 태도는 자신이 교회의 분자(分子)로 존재함으로 드러납니다. 교회는 그리스도의 몸이며, 이러한 교회의 분자로서 존재인식이 분명하여서 삶의 모든 가치와 목적을 그리스도의 몸 된 교회에 두는 것으로 드러납니다. 이를 이론적으로 알기는 알겠는데 쉽게 이해되지 않습니다. 인식과 행위사이의 간격이 도무지 좁혀지지 않을 때 스스로 자신을 복종시키기 위해 하는 것이 금식입니다.

　그런데 이런 금식의 의미를 바로 깨닫지 못하고 오히려 공로로 생각하곤 합니다. 기도에 금식을 더하여 그 효력을 배가하는 방법인 것처럼 이해하거나 가르치는 경우가 있습니다. 금식하고 있다는 것을 선전하려는 심정을 가지기도 합니다. 자신의 자아가 죽지 않아서 그 힘을 빼기 위한 금식을, 오히려 이용하여 자랑을 삼으려는 어리석음입니다. 이런 행위에 대하여 고요히 자신의 내면을 살피고 물어본다면 부끄러움에 숨고 싶어질 것입니다.

; 기도

실존주의적 사고와 철학, 그리고 인본주의 신학을 가진 자들은 기도 문제를 전혀 이해할 수 없습니다. 그래서 기도를 주관적이고 심리적 작용이라고 생각합니다. 윤리적 동력을 추구하는 자기반성 차원으로 이해합니다. 한마디로 하나님께서 들으시는 기도와 같은 것은 인정할 수 없다는 것입니다.

그들을 이해할 수 있습니다. 그들은 하나님과 인격적 교제가 막혀 있기 때문에 기도와 같은 영적교제를 인정할 수 없습니다. 기도를 해도 그저 허공에 대고 중얼거리고 있다는 느낌 이외에는 아무것도 돌아오지 않습니다. 그런 이들이 기도를 이렇게 정의하는 것은 아주 당연합니다.

반면에 많은 기독교인들은 기도란 자신이 욕심내는 모든 것을 얻는 수단으로 생각합니다. 자신이 가질 수 없는 것에 신적능력을 동원하고자 기도합니다. 심한 경우엔 자신이 노력하면 얻을 수 있는 것도 힘들이지 않고 얻기 위하여 기도합니다.

물론 신앙이 어린아이와 같다면 이런 기도도 하나님께서 외면하시지는 않습니다. 아직 하나님의 살아계심을 온전히 믿지 못하고 있기 때문에 이것을 확인하고 믿을 수 있도록 어리고 연약한 자의 수준에 맞춰서 응답해 주십니다. 그래서 예수님을 믿고 처음에는 소소한 여러 가지 기도라도 들어주시고, 응답해 주심을 경험합니다. 하지만 응답을 받았기에 최고의 기도가 되는 것은 아닙니다. 그런 관념은 이미 기도를 자기의 욕심을 이루기 위한 수단으로 여기는데서 나옵니다.

기도에는 바른 자리와 수준이 있습니다. 바른 기도는 자기를 부정한 자만 할 수 있습니다. 금식을 통하여 실존적 존재로서의 자신을 온전히 부인한 후에야 비로소 하나님께 정당한 기도를 올릴 수 있는 위치에 도달합니다. 자신을 참으로 하나님 나라 백성으로 인식하고 교회 분자로서의 자기 확인이 분명히 서 있어야만 바른 기도를 드릴 수 있습니다.

이런 자리에 도달한 자가 드리는 기도는 자신의 욕심을 아뢰는 기도일 수 없습니다. 그러면 아무것도 바라지 않는 기도를 하는 것인가 하면 그것도 아닙니다. 바른 기도란 하나님 나라 백성이 이 땅에서 교회의 신자로 현실 세계에 살 때에, 그 존재로서의 삶과 사명을 수행해 나감에 부족을 느껴서 이를 하나님께 묻고 응답을 받고 하면서 교제하는 것입니다. '하나님께서 제게 맡기신 사명을 감당하기 위하여 힘을 써 나갈 때에 이러 저러한 것에 부족을 느끼고, 그 부족으로 인하여 어려움을 겪고 있습니다.'라는 기도가 됩니다.

; 구제

이렇게 정당한 기도를 통하여 하나님과 교제해 나갈 때에야 비로소 하나님 은혜에 대한 확신을 얻게 됩니다. 이런 확신이 이 땅에서 사회적으로 정당한 효력을 발생하게 됩니다. 그 효력은 그리스도인으로서 살아가는 삶의 전 영역에서 드러납니다. 삶에 대한 기본태도와 철학에서 세상 사람들과 그리스도인들은 현격한 차이를 보입니다. 그 중에서도 가장 두드러지고 확연하게 나타는 것이 바로 구제입니다.

세상에도 구제가 있고, 그리스도인들도 구제를 행합니다. 하지만 이 둘은 행하는 동기와 목적이 다릅니다. 세상은 자기 영광을 취하기 위하여 구제를 하든지, 사회 안전망을 구축하여서 더 큰 해를 입지 않아야겠다는 생각에서든지, 선한 태도를 보임으로써 세상을 선하게 만들겠다는 의지일 수도 있습니다.

반면에 그리스도인들의 구제는 하나님 나라의 역사를 이루는 사명입니다. 이 세상 모든 것이 이익추구의 수단으로 전락하여 그 속에서 착취당하여 비참함에 빠져있는 사람을 대가 없이 건져내는 일이 구제입니다. 이것이 바로 하나님 나라 사업이며, 예수 그리스도의 구원 사역입니다. 기도가 바르고 정당한 기도였다면 자연히 이 땅 위에서 사람을 비참하게 만드는 세력에게 구제라는 방식으로 저항하면서 하나님 나라의 역사를 이루게 됩니다. 이 일을 위하여 봉사하고 자신을 희생하게 됩니다.

; 외식과 형성주의

그러나 반대는 성립되지 않습니다. 내가 여기서 봉사하고, 희생하고, 구제하는 행위를 하면 나의 기도가 정당한 것이 되고, 나의 신앙이 참된 것이 되는 것은 아닙니다. 이런 식으로 생각하고 행하는 것이 바로 형성주의입니다. 이는 단순히 외식의 문제를 넘어선 이교 사상입니다.

예를 들면 예수님께서 새벽 미명에 산에 올라가서 기도를 하셨기에 이것을 본받아서 새벽기도를 하는 것은 우리가 받은 거룩한 본질의 표현으로서는 의미가 있습니다. 하지만 그것을 자신의 내면에 큰 공로로 여긴다면 심각한 문제입니다. 그렇게 한다하여 우리의 본질이 거룩하게 될 리도 없고, 하나님께서 거기에 가치를 부여해 주실 까닭도 없습니다.

심지어 주님께서 가르치신 기도를 반복해서 외우면 그만큼 공로가 생기는 것처럼 간주하는 경우도 있습니다. 예수님께서 기도를 가르치실 때는 이와 같은 기도들을 중언부언하는 기도로 간주하시면서 그렇게 하지 않도록 하시기 위하여 교훈하셨습니다.

또 스스로의 열심을 가미해야 한다고 주장하기도 합니다. 열심히 기도한다는 것, 기도를 열정적으로 하는 것이 응답될 가능성을 높인다고 여깁니다. 이는 지성이면 감천이라는 세상 사고방식에 기인한 것이지, 결코 성경적인 기도가 아닙니다. 그리고 어떤 이들은 하나님께 나의 소소한 사정을 하나도 빠짐없이 말씀드려야만 한다고 생각합니다. 그러나 이것이 하나님께서 나의 소소한 사정까지는 아직 파악하지 않고 계시니, 내 쪽에서 먼저 소상한 정보를 드려야만 들으신다는 생각이 조금이라도 가미되어 있다면 이것은 대단히 이교적인 태도입니다.

정당한 종교행위를 다른 사람들 앞에서 행함으로써 외식을 하든지, 더 나가서 자신이 거룩하다고 여기는 행위를 체계화하여서 세워 놓고 지킴으로써 공로를 이룬다고 생각하는 형성주의의 심각한 문제는 하나님을 진정으로 믿지 않는데 있습니다. 자신들은 하나님을 믿는다고 하고, 하나님을 믿기 때문에 이와 같은 종교행위를 한다고 말합니다. 그렇지만 그들이 믿는다고 하는 신은 결코 인격적 하나님이 아닙니다.

하나님의 살아계심과 모든 것을 알고 계심을 믿는다면 이러한 외식된 행위를 다 아시며, 이러한 외식이 얼마나 유치한 행위이며 오히려 하나님을 모욕하는 행위라는 사실을 알 것입니다. 그런데 그런 행위를 계속 할 수 있습니까? "하나님께서 하라고 하시는 대로 하나님 나라를 증시하는 일에 쓰이기를 소원합니다."라는 표식으로 구제를 하면서 사실은 '내가 좀 존경을 받아야겠다.'는 생각을 마음에 깔고 있다면 이것을 모르시겠습니까!

기도와 금식도 마찬가지입니다. 어린신앙을 가진 자의 어린 행위들, 유치한 행위들을 책망치 않으시고, 불쌍히 여기시며 속히 성숙

하기를 원하십니다. 하지만 계속 그러한 행위에 머물고 한 발짝도 더 나아가지 못한다면 하나님의 책망을 피할 수 없습니다.

　그렇기에 이러한 자들의 행위는 하나님께 상을 얻지 못합니다. 그런데도 나의 구제와 기도와 금식을 통하여서 하나님께도 좀 드려지고, 그 중에 일부는 내 영광을 위해서도 좀 쓰였으면 하는 바람을 갖습니다. 참으로 어리석은 생각입니다. 결국 하나님께서는 은밀히 보신다는 사실, 은밀히 보시고 이에 대해서 합당한 상을 내리신다는 사실을 다 믿지 못하는 것입니다.

　리스크(risk)를 줄이기 위해서 내가 선금을 떼고 나머지로 하나님께 드리고 있는 것입니다. '내가 먼저 좀 영광을 받고서 그 나머지는 하나님께서 받으셔서 혹시 마음이 동하시면 복을 좀 주실 수도 있지 않나'라는 생각이 깔려 있습니다.

　예수님께서는 이런 마음을 가진 자에게 본문 말씀을 하신 것입니다.

사람에게 보이려고
그들 앞에서 너희 의를 행치 않도록 주의하라!
그렇지 아니하면
하늘에 계신 너희 아버지께 상을 얻지 못하느니라.

2 구제냐 동냥이냐

마태복음 6장 2-4절

----

²그러므로 구제할 때에 외식하는 자가 사람에게 영광을 얻으려고 회당과 거리에서 하는 것같이 너희 앞에 나팔을 불지 말라 진실로 너희에게 이르노니 저희는 자기상을 이미 받았느니라 ³너는 구제할 때에 오른손의 하는 것을 왼손이 모르게 하여 ⁴네 구제함이 은밀하게 하라 은밀한 중에 보시는 너희 아버지가 갚으시리라

　앞에서 구제, 기도, 금식이라는 대표적 종교행위를 이용해서 외식하는 자들에 대한 예수님의 비판을 간략히 살펴보았습니다. 외식하는 자들은 구제를 통하여 자신의 종교적 충성심이 얼마나 사회에 유익이 되는가를 보여주면서 대중들로부터 존경을 받고자 합니다. 시장에서 기도를 함으로써 자신의 종교적 열정을 보이고 다른 사람에게 모범을 보여서 찬양을 받으려 합니다. 또 금식을 통해서 자신의 종교적 고도함을 보이고자 합니다. 큰 고행이기에 모두가 찬양할 것으로 알고 표시를 냅니다.

　이들이 이처럼 행하는 그럴듯한 이유가 있습니다. 하나님을 향한 자신들의 열정이 다른 사람들에게 조금이라도 전달되어 돌이키게 할 수 있지 않을까 하는 생각에서 비롯된 것입니다. 하지만 이러한 외식은 결국 하나님을 믿지 않는 인본주의에 기인하기에 책망 받아 마땅합니다.

　이런 생각과 이런 태도는 별로 낯설지 않습니다. 예를 들어 거리에서 행하는 찬양들이 이런 생각을 근간으로 하고 있다면 깊이 고민해봐야 합니다. 찬양이란 하나님께 하는 것입니다. 그런데 자신들이 찬양하는 모습을 길에서 사람들 앞에 보이기 위해서 합니다. 다른 사람들이 자신들이 찬양하는 모습을 보고서 혹시 돌이키지 않을까 하는 생각과 바람이라면 예수님께서 책망하신 외식과 크게 다르지 않게 됨을 더 깊이 유념해야 합니다.

; 교회와 구제

예수님께서 우리가 접하게 되는 순서를 따라서 구제, 기도, 금식 순으로 말씀하셨습니다. 그렇기에 먼저 구제에 대해 살펴보겠습니다. 먼저 2절을 다시 한 번 보겠습니다.

²그러므로 구제할 때에 외식하는 자가 사람에게 영광을 얻으려고 회당과 거리에서 하는 것같이 너희 앞에 나팔을 불지 말라 진실로 너희에게 이르노니 저희는 자기상을 이미 받았느니라

당시 구제는 유대인들에게 가장 경건하고 훌륭한 종교 행위로 인정되었습니다. 그렇기에 이러한 종교행위의 본을 보여주는 것이 사회적 영향을 줄 수 있다고 생각했기에 사람들 앞에서 행해야겠다는 생각을 하고 있었습니다.

이것은 오늘날도 다르지 않습니다. 구제를 행하는 것이야말로 최고의 윤리적이고 도덕적 행위일 뿐 아니라 최고의 종교적 행위로 추앙 받습니다. 그래서 많은 사람들이 구제를 열심히 하는 교회들을 찬양합니다. 심지어 교회에 다니지 않는 사람들이나 교회에 대해서

회의적인 사람들도 이런 교회들은 상당히 긍정적으로 평가합니다.

저도 이런 교회들이 참으로 훌륭한 일을 하고 있다고 생각합니다. 어쩌면 이 시대에 등대와 같은 역할을 하고 있는 것이 아닌가 하고 살펴보게 됩니다. 하지만 이 문제를 생각할 때 다음 장면을 좀 더 묵상하게 됩니다.

마26:8제자들이 보고 분하여 가로되 무슨 의사로 이것을 허비하느뇨 9이것을 많은 값에 팔아 가난한 자들에게 줄 수 있었겠도다 하거늘 10예수께서 아시고 저희에게 이르시되 너희가 어찌하여 이 여자를 괴롭게 하느냐 저가 내게 좋은 일을 하였느니라 11가난한 자들은 항상 너희와 함께 있거니와 나는 항상 함께 있지 아니하리라 12이 여자가 내 몸에 이 향유를 부은 것은 내 장사를 위하여 함이니라 13내가 진실로 너희에게 이르노니 온 천하에 어디서든지 이 복음이 전파되는 곳에는 이 여자의 행한 일도 말하여 저를 기념하리라 하시니라

비싼 향유를 예수님께 부어서 예수님의 장사를 예비한 마리아에 대한 일화입니다. 이런 마리아에 대해서 제자들은 분노를 표시했습니다. 왜 향유를 구제에 쓰지 않고 예수님께 드렸느냐고 꾸짖고 있습니다. 구제에 대한 그 당시 인식도 오늘과 다르지 않음을 볼 수 있는 장면입니다. 하지만 예수님께서는 마리아의 행보가 정당할 뿐 아니라 오히려 본이 되는 행동이라고 선언하셨습니다.

우리가 여기서 주의해야 할 것은 교회는 세상과 다른, 교회 나름 대로 독특한 사명과 행보를 가진다는 것입니다. 교회가 교회로서 정당한 행보 가운데 행해지는 구제는 대단히 훌륭한 것입니다. 하지만 구제를 중심으로 구성되고 움직이고 있다면 건실한 교회가 되기 어렵습니다. 비상적인 시대와 상황에 이것이 교회의 비상적인 모습일 수는 있습니다. 그러나 그것이 교회의 본질인 것처럼 이야기 되어서는 안 됩니다.

한 번 더 강조하자면 구제는 대단히 중요하고 하나님 나라 백성 됨에 대한 핵심 표증 중 하나입니다. 하지만 거룩한 하나님 나라의 기관으로써 교회가 구제사업, 기관화 된다면 문제가 됩니다.

; 구제의 원리와 동냥

예수님께서는 본문에서 하나님 나라 백성 됨의 구체적 행위로 구제를 말씀하고 계십니다. 구제야말로 하나님 나라 백성 됨을 이 땅에 확연히 드러내는 행위이기 때문입니다. 이는 구제가 가지는 원리 때문입니다. 하나님께서는 은혜롭게 이 세상을 창조하시고 사람을 창조하셨습니다. 창조에 대한 대가를 전혀 요구하지 않으셨습니다. 은혜로 주셨다, 거저 주셨다는 말씀입니다. 이러한 하나님의 은혜를 입은 자들은 이제 그 은혜를 세상에 드러내야 합니다. 이런 것이 바로 구제입니다.

그러므로 구제란 하나님의 은혜로우심을 따르는 하나님 나라 백성다운 행위입니다. 우리 구제는 하나님의 거저 주시는 은혜로움을 세상에 드러내는 표징이 되어야합니다. 자기 힘으로만 살고 있다고 생각하는 세상에 '거저 주시는 하나님 은혜'가 존재하고 결국 그 은혜로 살고 있다는 것을 우리가 더욱 분명하게 보여줘야 합니다.

그런데 이러한 거룩한 행위에 자신을 드러내고자 하는 욕구를 섞는 순간 이것은 이미 거룩한 행위가 아니라 더럽고 추한 인간의 타락한 행위가 되고 맙니다. 동냥이 되고 맙니다. 동냥이야말로 거저 주는 것에 대한 사탄의 대체물입니다. 동냥은 자신의 양심에 일어나는 구제에 대한 요구를 잠재우며 동시에 자신을 의롭게 보이려는 고도한 외식 행위입니다.

동냥과 구제는 분명하게 구별되어야 합니다. 하나님께서 천지 만물을 만드시고, 인간에게 주셨습니다. 천지만물을 그저 소비하라고 주신 것이 아니라 다스리며 풍성케 하도록 하셨습니다. 그렇게 의도된 위치, 왕의 지위를 부여하셨습니다. 선한 왕은 그 나라와 백성을 소비해 버리지 않습니다. 그 나라를 부강케 하며, 그 백성의 삶을 윤택하게 만들기 위하여 자신의 모든 힘을 다합니다.

창조 때 인간들에게 이런 태도가 요구되었습니다. 비록 지금은 타락으로 말미암아 희미해졌으나 지금 그리스도인들도 이런 사명을 회복 받고 그 연장선 위에 있습니다. 우리가 세상의 비참함을 구제하고 풍성하고 풍요로운 삶을 일궈내야 합니다. 그러므로 구제는 하나님께서 우리에게 맡기신 왕으로서의 통치행위입니다.

그저 빵 한 조각 던지고 마는 동냥과는 달라야 합니다. 그렇게 하면 사람은 더욱 비굴하게 됩니다. 더 나가서 중독되어 염치없는 인간이 됩니다. 오직 통치행위로서 구제여야 합니다. 그 대상을 사랑하여 생명을 비참한 가운데서 구원하며 풍성하고 윤택한, 하나님 형상다운 고결하고 행복한 삶을 살 수 있도록 만들어 주어야겠다는 소원을 가지고 시행되어야 합니다. 이것이 바로 왕의 면모이고, 그렇게 접근해야 진짜 구제입니다.

외식하는 자들의 구제는 결국 이런 위치와 목표를 저버리고 그저 자신의 의로운 행위를 드러내고자 합니다. 구제 대상의 삶의 풍성함과 하나님의 형상으로서의 증진에는 관심이 없습니다. 그저 동냥의 손길을 바라고 자신의 얼굴에 주목하고 존경하며 거기서 떨어지는 동전에 매여 사는 존재로 방치합니다. 그런데도 사람들은 이런 외식자의 구제라도 찬양을 합니다. 도리어 그런 구제에도 불구하고 늘 비참한 자리에 앉아 있는 자들을 욕합니다. 이런 관점에서 외식하는 자들은 그들의 선한 구제에도 불구하고 그들이 의도하는 상을 이미 다 받은 것입니다.

; 구제에 대한 공로 의식을 버려야 함

대상의 삶을 풍성케 하며 하나님 형상으로서의 고결함을 증진시켜 나가도록 하는 구제란 우리 힘으로는 실행이 불가능합니다. 오직 하나님께서 은혜를 주셔야만 가능합니다. 먼저 우리가 풍성한 은혜 위에 서 있음을 확인해야 합니다. 그리고 확신을 통하여 하나님께서 우리를 쓰셔야만 가능합니다. 그러므로 우리는 구제를 할 때에 내가 어떤 대상을 구제한다고 생각할 수 없습니다. 오직 나는 하나님 백성으로서 하나님의 은혜로운 행위에 대한 반영을 하나님께 드린다는 심정 가운데서만 행동해야 합니다. 본문의 3절은 이런 심정을 말씀하신 것입니다.

³너는 구제할 때에 오른손의 하는 것을 왼손이 모르게 하여

남들이 모르게 하는 것만을 의미하지 않습니다. 오른손이 하는 일을 어떻게 왼손이 모를 수 있습니까? 자신도 구제했다는 기억조차 없어야 한다는 말씀입니다. 단기 기억상실이 있거나 세뇌하지 않는다면 불가능합니다. 그렇다면 속은 어떠할지 모르지만 겉으로는 겸손하게 "제가 뭐 한 것이 있나요"라고 해야 한다는 말씀입니까? 그런 것이 아닙니다.

이는 구제했다는 사실 그 자체를 특별히 의로운 행위인 것으로 자인하지 말라는 말씀입니다. 왜냐하면 하나님 나라 백성으로서 삶에서 항상 드러날 수밖에 없는 자연스러운 일이며, 자신이 하나님 나라 백성이라는 고백이기 때문입니다. 오히려 이러한 구제의 심정이 일어나지 않는다는 것은 그가 하나님의 은혜를 받은 자가 아니라는 반증일 뿐입니다.

사도행전에서 교회 공동체의 구제가 어떤 모습을 나타내야 하는지 볼 수 있습니다. 사도행전 2:44-45입니다.

^{행2:44}믿는 사람이 다 함께 있어 모든 물건을 서로 통용하고 ⁴⁵또 재산과 소유를 팔아 각 사람의 필요를 따라 나눠 주고

이 말씀에 대해서 많은 오해들이 있습니다. 모든 개인이 재산을 팔아서 모두 교회 앞에 내놓고 공동생활을 한 것으로 이해합니다. 그래서 초대교회로 돌아가자는 운동을 하면서 공동재산, 공동생활을 주장하고 실천해 보려고 애씁니다. 하지만 이것은 사도행전을 제대로 이해하지 못한데서 오는 착오입니다. 사도행전을 잘 살펴보면 대부분 사람들은 자신 삶을 계속 유지하고 있었고, 몇몇 부자들이 교회의 필요를 따라서 자신의 재산을 팔아서 교회 앞에 놓았던 것을 알 수 있습니다. 그리고 그 필요는 대부분 교회 안으로 들어온 과부들을 구제하는 일에 쓰였습니다.

당시에 예루살렘에는 많은 과부들이 있었습니다. 남편이 예루살렘에서 죽기를 소원하여 따라 온 과부들입니다. 이들은 남편이 죽고 나면 생계를 꾸릴 능력이 없었습니다. 그래서 예루살렘 성전에서는 매일 식량을 나눠 주었습니다. 그런데 이런 과부들 중에서 예수님을 믿게 된 사람들이 있습니다. 이들은 자신의 신앙 양심상 더 이상 성전에서 나눠주는 구제를 받을 수 없었습니다. 그렇기에 그리스도의 몸 된 교회는 이들을 책임져야 했습니다. 그래서 당시에 예루살렘에 터를 잡고 살던 부자들 중 몇몇이 자신의 재산을 모두 팔아서 교회의 구제 사업에 쓰게 되었습니다. 그야말로 교회가 구제에 큰 힘을 기울인 때입니다.

하지만 그들만 있던 것은 아닙니다. 대부분 부자 그리스도인들은 비록 자신의 재산을 모두 팔지는 않았더라도 꾸준히 교회의 행보를 위하여 돈과 물질을 내놓았을 것입니다. 장사를 하던 그리스도인은 자신의 사업장을 팔아서 돈을 만드는 것보다는 오히려 장사를 지속하면서 교회를 지지하는 것이 더 유효했을 것이기에 그리 했을 것입니다. 온 교회 회원들이 이러한 일에 한 마음을 가지고 행했고, 이것을 서술한 것이 바로 위의 구절입니다.

; 구제, 은밀히 행해야 함

다시 본문으로 돌아와서, 예수님께서는 오른손이 하는 일을 왼손이 모르게 하라는 말씀으로 구제에 대한 공로의식을 경계하셨습니다. 또한 다른 사람들이 알 수 없도록 은밀하게 하라고 명하셨습니다. 4절입니다.

[4]네 구제함이 은밀하게 하라 은밀한 중에 보시는 너희 아버지가 갚으시리라

교회 안에서 가난한 성도들에게 구제를 행할 때에는 큰 부담을 느껴야 합니다. 먼저 하나님께서 자신에게 이런 물질을 주신 이유가 무엇인가를 고민해야 합니다. 재산을 경영하는 것은 대단히 큰 달란트입니다. 돈이 있다고 아무나 잘 경영할 수 있는 것이 아닙니다. 나의 물질과 나의 삶이 교회를 위하여 어떻게 활용되어야 할 것인가 늘 깊은 성찰이 필요합니다. 무턱대고 재산을 다 팔아서 나눠줘 버린다면 하나님께서 맡기신 사명에 대한 인식도 없는 것이고, 대단히 무책임한 행동입니다.

초대교회에서 모든 부자들이 다 집을 팔고 땅을 팔았다면 어찌 되었겠습니까? 부동산 가격이 폭락했을 것입니다. 이렇게 생각할 수 없고 생각해서도 안 됩니다. 교회의 행보에 최대한 도움이 될 방법을 활용하여야 합니다. 하나님께서 맡기신 각자의 달란트를 활용해야 합니다.

두 번째로는 가난한 성도들에 대한 배려가 있어야 합니다. 이것이 은밀히 행해야 하는 실존적 이유입니다. 나의 구제가 가난한 성도들에게 큰 상처일 수 있기에 늘 주의해야 합니다. 내가 부자인 것은 내가 그들보다 잘났거나 그들보다 하나님을 더 잘 믿기 때문이 아닙니다. 그런데 마치 나의 물질적 풍요는 하나님의 축복이라는 식으로 표현한다면 물질적으로 어려운 성도는 하나님의 축복을 못 받은 것이 됩니다.

더 나가서 자신이 물질적 축복을 받게 된 것이 자신이 하나님을 열심히 믿어서라고 한다면 가난한 성도는 바른 신앙을 갖지 못한 사람이라고 주장하는 것과 같습니다. 그러나 그것은 사실이 아닙니다. 하나님께로부터 받은 사역이 다를 뿐입니다. 그런데도 이런 태도를 보여서 그들을 부끄럽게 만들면 안 됩니다. 가난한 성도들은 그들에게 맡겨진 사명을 감당하면서 하나님 앞에 충성된 삶을 신실하게 살고 있을 수 있습니다. 거기에다 이런 식의 논리를 들이댄다면 가난한 성도들이 자신의 사명과 크게 상관없는 것도 부러워하게 됩니다.

; 은밀한 중에 갚아주심

그렇기에 은밀하게 구제해야 합니다. 하나님께서 하신 것과 같이 해야 합니다. 이처럼 바른 구제를 한다면 하나님께서 은밀하게 보시고 갚아 주신다고 하셨습니다. 이것은 예수님의 약속입니다. 그렇기에 예수님을 믿는다면 이것을 믿어야 합니다. 구제하는 것에 복이 있음을, 얼마나 확실한 보장이 약속되어 있는지 잘 모르면 바른 구제가 어렵기에 예수님께서 친히 이 말씀을 강조해 주셨습니다. 또한 시편에서는 이런 말씀도 주셨습니다.

시41:1가난한 자를 보살피는 자에게 복이 있음이여 재앙의 날에 여호와께서 그를 건지시리로다 2여호와께서 그를 지키사 살게 하시리니 그가 이 세상에서 복을 받을 것이라

그리고 이 말씀이 실현되는 예시가 사도행전에 나타납니다. 사도행전 9:36-40입니다.

행9:36욥바에 다비다라 하는 여제자가 있으니 그 이름을 번역하면 도르가라 선행과 구제하는 일이 심히 많더니 37그 때에 병들어 죽으매 시체를 씻어 다락에 뉘우니라 38룻다가 욥바에 가까운지라 제자들이 베드로가 거기 있음을 듣고 두 사람을 보내어 지체 말고 오라고 간청하니 39베드로가 일어나 저희와 함께 가서 이르매 저

희가 데리고 다락에 올라가니 모든 과부가 베드로의 곁에 서서 울며 도르가가 저희와 함께 있을 때에 지은 속옷과 겉옷을 다 내어 보이거늘 ⁴⁰베드로가 사람을 다 내어보내고 무릎을 꿇고 기도하고 돌이켜 시체를 향하여 가로되 다비다야 일어나라 하니 그가 눈을 떠 베드로를 보고 일어나 앉는지라

선행과 구제를 많이 한 도르가는 죽음에서도 살리심을 받았습니다. 물론 선행과 구제를 하면 죽었다가도 살아난다는 것을 말하고자 함이 아닙니다. 자신의 사명을 감당하고 이제 낙원에 가서 쉬려고 했는데, 교회 수장인 베드로가 불러서 다시 돌아왔습니다. 그녀의 삶이 더 이상 그녀 자신만의 것이 아니기 때문에 다시 살아난 것입니다.

이처럼 선행과 구제는 그리스도인의 그리스도인다운 성품이며, 사역입니다. 이 사역을 죽음도 막을 수 없습니다. 우리의 선행과 구제가 우리를 재앙에서 구원 받게 하는 힘이 있습니다. 죽음의 위험에서도 살게 하실 것입니다. 구제가 우리를 그리스도인으로 만들 수는 없습니다만, 구제는 우리가 그리스도인임을 증거하고 증명 받을 수 있게 하는 선한 행위입니다.

3 세상 경영에의 참여

마태복음 6장 5-8절

----

⁵또 너희가 기도할 때에 외식하는 자와 같이 되지 말라 저희는 사람에게 보이려고 회당과 큰 거리 어귀에 서서 기도하기를 좋아하느니라 내가 진실로 너희에게 이르노니 저희는 자기 상을 받았느니라 ⁶너는 기도할 때에 네 골방에 들어가 문을 닫고 은밀한 중에 계신 네 아버지께 기도하라 은밀한 중에 보시는 네 아버지께서 갚으시리라 ⁷또 기도할 때에 이방인과 같이 중언 부언하지 말라 저희는 말을 많이 하여야 들으실 줄 생각하느니라 ⁸그러므로 저희를 본받지 말라 구하기 전에 너희에게 있어야 할 것을 하나님 너희 아버지께서 아시느니라

　우리는 구제와 기도, 금식에 대해서 살펴보고 있습니다. 이 문제들에 대해서 말씀하실 때에 이 신앙행위의 바른 자태만을 말씀하지 않으셨습니다. 먼저 이런 개인의 신앙행위들의 오용을 말씀하시고, 이런 오용이 가지고 있는 외식의 문제도 비판하셨습니다.

　앞 장에서 구제의 문제에 대한 가르침을 살펴보았습니다. 구제를 행할 때에 외식하게 되는 자들의 논리가 무엇인지 보았고, 또한 진정한 구제는 무엇인지 확인했습니다. 사실 구제는 구조적으로 남들에게 알려질 수밖에 없습니다. 누군가를 돕는다는 것은 내면적 일이 아니기 때문입니다. 하나님 나라 백성으로서 인식이 충만하여서 외면에 드러나는 것이 구제입니다. 그렇기에 최소한 베푼 나와 받은 대상은 모르려고 해도 모르기 어렵습니다. 그래서 더욱 외식의 문제에 주의해야만 합니다.

　정상적인 구제와 외식적인 구제 사이의 경계도 참으로 모호합니다. 외면에 나타나는 모습은 거의 다르지 않기 때문입니다. 판별하기 어렵기 때문에 자기 안에서 마음을 지키는 것이 대단히 중요합니다. 오죽 어려운 문제이면 예수님께서 '오른손이 한 일을 왼손이 모르게 하라'고 하셨겠습니까! 은밀하게 행한 바른손은 하나님이 하신 것과 같이 됩니다. 하나님께서 그 사람을 사랑하셔서 직접 역사하여 주신 것과 같아서 그 대상의 삶을 풍성하고 윤택하게 합니다. 그뿐 아니라 하나님께서도 우리의 구제에 대해 알게 모르게 갚아주십니다.

; 내면적인 기도를 가지고도 외식함

이제 본문은 기도에 대한 내용입니다. 기도는 분명히 내면적인 문제입니다. 구제야 밖으로 표출되는 것이기에 외식의 가능성에 노출되어 있고, 그렇기에 외식이 일어날 수 있습니다. 하지만 기도는 본질상 드러나야 할 것이 없는데도 이것을 가지고 외식하려 합니다. 무엇이든지 자신을 드러내기 위하여 쓰려고 하는 것, 이것이 바로 인간입니다. 본문 5절을 먼저 보겠습니다.

⁵또 너희가 기도할 때에 외식하는 자와 같이 되지 말라 저희는 사람에게 보이려고 회당과 큰 거리 어귀에 서서 기도하기를 좋아하느니라 내가 진실로 너희에게 이르노니 저희는 자기 상을 받았느니라

기도하는 것조차 사람들에게 보이기를 좋아합니다. 외식의 기본적인 문제는 자신을 자랑하고자 함입니다. 이들의 노골적 외식행위에 전혀 논리가 없는 것이 아닙니다. 나름대로 말이 될 만하고 설득력을 얻고 있었습니다. 하지만 겉으로는 그럴듯한 포장을 하여도 본질은 자기 의를 쌓으려는 것이며 결국은 자기 자랑입니다.

이들이 회당과 큰 거리에서 큰 소리로 기도를 하면서 외식을 할 수 있던 이유는 자신들이 모범이 된다고 생각했기 때문입니다. 이들은 사람들 앞에서 큰 소리로 거창하게 오랫동안 기도를 했습니다. 주로 기도내용은 하나님 뜻을 위해서 헌신하겠노라는 기도요, 민족중흥을 위해서 노력하겠노라는 기도였습니다. 이는 그들의 신앙윤리와 도덕 강좌에 가까웠습니다. 계몽적인 내용도 있고, 교훈적인 내용도 있고, 소의를 버리고 대의를 따르고자 하는 내용도 있습니다. 참 멋있어 보이는 기도입니다.

기도란 하나님께 하는 것이며, 하나님께서 들으시는 것인데, 기도하는 모습과 기도하는 내용을 사람들에게 보여서 교훈을 주고자 했습니다. 인본주의를 가지고 기도를 이용했습니다. 당시에는 로마의 압제 아래 살았기에 이런 모습이 필요하다고 느낀 것입니다. 유대교의 여호와 신앙을 전파하고, 자신들 민족 헤브라이즘 사상의 명맥을 유지하기 위하여 존재감을 보여줘야겠다는 생각에서 이렇게 했습니다.

모습이 똑같진 않을 지라도 우리들도 이런 심정을 가지기가 쉽습니다. 대표기도를 할 때, 교우들과 함께 기도를 할 때 이런 심정을 갖게 됩니다. 기도를 세게 해주고, 잘 해주어서 저 사람 마음을 좀 사고, 관계를 좋게 해야겠다는 생각을 하게 되기도 합니다. 특히 목사나 장로, 집사 같은 직분자들은 이런 식의 기도를 할 유혹을 많이 받게 되고, 또 이런 식의 기도를 요청받게 되기도 합니다.

하지만 이는 기도가 아닙니다. 기도를 이용해서 다른 사람 마음을 사려고 하거나 계몽을 하려고 하는 것은 이미 기도가 아닙니다. 기도형식을 빌려서 사실상 다른 사람 마음에 무엇을 주려고 하는 생각은 참으로 이상한 것입니다. 하나님을 모독하는 행위입니다. 기도는 하나님께로만 향해야 하고 그렇지 않으면 무효이며, 도리어 하나님의 진노를 사게 됩니다. 그렇게 해서 사게 된 마음이나 유익이 당장에 내게는 이익이 될 수 있을 수 있으나 하나님 나라에 유익이 될 리 없습니다.

; 골방에서 기도하라

[6]너는 기도할 때에 네 골방에 들어가 문을 닫고 은밀한 중에 계신 네 아버지께 기도하라 은밀한 중에 보시는 네 아버지께서 갚으시리라

여기서 골방에 들어가라는 의미는 공간적인 내용이 아닙니다. 정신을 다른 곳으로 빠져나가지 않도록 끌고 나갈 요소들을 제거한 상태를 말합니다. 무엇보다도 다른 사람이 나의 기도를 들어서 무엇인가 영향을 받고, 그것으로 인하여 일을 이루겠다는 생각이 차단될 장소여야 합니다.

또한 만왕의 왕이신 하나님 앞에 서 있다는 사실이 흐트러지지 않을 수 있어야 합니다. 하나님께서는 영이시기에 우리 눈으로 뵙지 못합니다. 인간은 자신이 감각하지 못하면 실재(實在)하지 않는다고 생각하는 경향이 있습니다. 그러다 보니 기도를 통해 하나님 전

에 들어가서 그분 앞에서 말씀을 아뢰고 있는 중이라는 사실을 잊고 경거망동하는 수가 있습니다. 왕 앞에서도 이런 태도를 보일 수 없는데 하나님 앞에서는 그런 태도를 보이게 됩니다. 우리 영이 연약하고, 우리 정신이 그 영에도 미치지 못하기 때문입니다. 그렇기에 밀실과 정신을 집중할 수 있는 여건이 있어야 비로소 기도할 기본적 여건이 조성된 것입니다. 그것이 골방입니다.

또한 우리 기도를 은밀한 중에 계신 우리 아버지께서 보시고 들어주시고 갚아주신다고 말씀합니다. 여기서 아버지란 하나님을 의미한다는 것을 모두가 알 수 있습니다. 하나님께서는 우리 아버지 되십니다. 이 사실이 우리의 기도를 규정해 줍니다. 이것이 핵심입니다.

구제가 하나님의 은혜로우신 역사의 반영이며 통치행위이듯이, 기도도 하나님께서 우리 아버지 되신다는 것에 초점을 맞춰야 합니다. 이 점을 놓치면 우리 기도는 아무리 순수한 마음으로 성심껏 기도한다고 하여도 바른 기도가 되지 못합니다. 그것은 인류 보편적으로 나타나는 인간 종교성의 발현이며 기원행위이지 진정한 기도가 아닙니다.

; 아버지에게는 떼를 써도 된다?

그런데 문제는 기독교인들은 하나님께서 아버지 되시고 우리 기도는 이런 아버지께 말씀드리는 것이라고 하자 떼를 써도 된다는 쪽으로 정리가 되었습니다. 어떤 사람에게 자식이 있는데 아버지를 만날

偽飾

때마다 무엇인가 자기의 부족한 것을 채워 달라고만 요구한다면 이런 자식을 어떻게 이해해야 할까요?

어린 시절에는 부모에게 절대적으로 의지하면서 살아야하며 부모는 당연히 모든것을 공급해 줍니다. 하지만 세월이 흘러 자식이 장성하여 성년이 되었는데도 불구하고 여전히 이런 태도를 지속한다면 부모는 절망할 것입니다. 그런 사람은 자기목적을 위해 부모가 필요할 따름이지 가족 간의 진정한 대화와 교제를 원하지도 않고 이뤄질 수도 없습니다.

지금 한국교회의 기도가 딱 이런 식의 정리에 머물러 있는 것이 아닌가 걱정됩니다. 이는 우리가 저급한 수준의 부모관계만을 생각하기 때문입니다. 그저 요구하고 주는 관계로서의 부모관계만을 생각합니다. 그러나 진정한 부모관계에서 주고 받을 것은 돈이나 재산이 아닙니다. 깊은 사상을 전수하는 관계입니다. 그 집안이 대대로 지키고 있는 깊은 사상과 도리, 가풍이라는 것을 전수하는 것이 가장 중요한 일입니다. 그 중에서도 제일 핵심되는 내용이 바로 종교적 부분입니다.

그러나 오늘날은 물질주의적이며, 개인주의적 사회로 이어지면서 이런 부분은 별로 중요치 않은 것처럼 취급되기 시작했습니다. 그저 물질적 유산을 물려받는 것에만 집중되어 있습니다. 만일 정상적인 부모관계라면, 자식은 어린 시절 동안에는 부모가 담지하고 있는 고도한 사상과 깊은 사랑을 도무지 이해하기보다는 부모로부터 오는 물질적 충족과 평안을 바라고 살게 됩니다. 그러나 자녀가 장성하게 되면서 자연스럽게 부모로부터 도리를 물려받고 비로소 자녀답고, 그 집안 사상을 담지한 자다운 면모를 보이기 시작하게 됩니다.

이러한 과정 가운데서 자신이 직면하는 현실의 문제들을 어떻게 처리하는 것이 가장 집안의 자녀다운 것인가? 이것이 확연하지 않다면 당연히 부모에게 묻게 됩니다. 때로는 자신의 힘이 이 일을 바르게 처리하기에 부족함을 느끼면서 일을 반듯하게 하기 위하여 아버지께 청원을 할 수도 있습니다. 이것이 바로 정확히 우리의 기도입니다.

; 하나님 나라의 경영에 참여함

하나님께서 세상을 경영하심에 대한 이해와 경영에 참여하는 자로서의 인식과 활동 속에서 우리는 정당한 기도를 올릴 수 있습니다. 왜냐하면 우리가 하나님 자녀이기 때문입니다. 하나님 아버지의 왕국, 하나님 나라 백성이면서 동시에 하나님 자녀로서 왕의 통치권을 수행해야 하는 자입니다. 이 일을 위한 필요를 하나님께 아뢰는 것이 바로 기도입니다. 바른 기도는 내 욕구와 욕심이 아니라 하나님 나라에 대한 것이어야 하고, 이걸 위해서 가장 우선되어야 할 것이 바로 자기 부정입니다.

그리고 이와 같이 바른 기도를 드려야 '은밀한 중에 보시는 네 아버지께서 갚으시리라'는 말씀이 이뤄집니다. 자신의 생활이 좀 더 유능하기를 바라는 것이 단순히 자기목적을 달성하기 위한 것이라거나 단지 다른 사람보다 우수하기를 원해서라면 큰 잘못입니다. 우리가 능력 있기를 바라고 무능하지 않기를 바라는 것은 오직 하나님 나라의 진전을 위해서입니다.

좀 더 유효하고 유능하게 하나님을 섬겨 나가기 위해서는 하나님께서 그러한 은사와 은혜를 더욱 베풀어 주셔야만 가능합니다. 이것을 우리가 묶어서 하나님께 드리고 하나님께서는 더욱 많은 의의 열매를 맺을 은사와 은혜를 우리에게 베풀어 주십니다. 그것이 좀 더 유능해지는 것입니다. 이런 의미에서 우리의 유능함이 우리에게 주신 바 은혜가 하나님 손에서 잘 쓰이고 있다는 것을 보여주는 예입니다.

그리스도인들의 신앙생활이 뭔가 신비하고 비합리적일 것이라고 생각하는 것은 심각한 오해입니다. 그랬다면 그리스도인들은 밥을 먹을 때에 신비한 능력이 우리 앞에 한상 차려 놓고, '밥 먹어라'라는 신비한 음성이 들릴 때에만 먹어야 할 것입니다. 하지만 하나님께서 인생을 신비주의적 방식으로 살라고 하지 않으셨습니다. '밥을 먹어라'는 하나님 음성을 들어야만 밥을 먹는 것이 아니라 배가 고프면 밥을 먹으라는 것이 하나님 뜻입니다.

기도를 영적세계의 능력을 끌어다 쓰는 신비한 수단인 것처럼 여겨서는 안 됩니다. 고도한 아버지와 아들과의 관계 속에서 주고받는 인격적 대화입니다. 이렇게 생각한다면 의미 없는 반복이나 억지는 있을 수 없는 일입니다. 사람을 앞에 앉혀 놓고 매일 같은 말을 되풀이

하는 것이 있을 수 있습니까? 더욱이 자기 아버지에게 아침, 저녁으로 형식적 의무감으로 인해 자신의 생각은 별로 담기지 않은 말을 나열하는 식으로 길게 말을 늘어놓는다는 것을 상상할 수나 있습니까?

그런데 기도를 이런 식으로 하는 사람들이 있습니다. 때때로는 자신도 이해할 수 없는 희한한 소리를 내면서 기도라 주장합니다. 그리고 오랫동안 그렇게 하는 것이 공로라는 생각까지 합니다. 과연 그런 행위를 자기 아버지에게 하면 자기 아버지가 뭐라고 할지 모르겠습니다.

이런 것은 모두 하나님의 인격성을 믿지 않거나 인지하지 못하기 때문에 나오는 태도입니다. 인격자이신 하나님 앞에서 하나님의 인격성을 묵살하는 것이 하나님을 모독하는 행위가 아니고 무엇입니까? 그것은 하나님을 믿지 않고 하나님을 인격적으로 알지 못하는 이방인들이 하는 행동이지 그리스도인들이 하는 정당한 기도가 될 수 없습니다.

4 기도, 말을 많이 하지 말라

마태복음 6장 5-8절(2)
----

[5]또 너희가 기도할 때에 외식하는 자와 같이 되지 말라 저희는 사람에게 보이려고 회당과 큰 거리 어귀에 서서 기도하기를 좋아하느니라 내가 진실로 너희에게 이르노니 저희는 자기 상을 받았느니라 [6]너는 기도할 때에 네 골방에 들어가 문을 닫고 은밀한 중에 계신 네 아버지께 기도하라 은밀한 중에 보시는 네 아버지께서 갚으시리라 [7]또 기도할 때에 이방인과 같이 중언부언하지 말라 저희는 말을 많이 하여야 들으실 줄 생각하느니라 [8]그러므로 저희를 본받지 말라 구하기 전에 너희에게 있어야 할 것을 하나님 너희 아버지께서 아시느니라

　기도는 하나님과 인격적으로 교제를 나누는 것입니다. 그 얼굴을 뵈옵고, 말씀을 드릴 수 있을 뿐 아니라 들어주시고 응답해 주신다는 사실은 참으로 큰 은혜입니다. 그런데도 이것을 자신을 자랑하는 데 쓰고자 하는 것은 정말로 어리석은 행위입니다. 하나님을 모셔놓고 고개를 돌려 사람들만 쳐다보고 이야기 하고 있는 것이기에 하나님을 모욕하는 행위입니다.

　진정한 기도는 골방에서 이루어집니다. 하나님과 자신의 교제 이외의 다른 요소가 끼어들지 못하도록 정리되어 있는 밀실에서 기도해야 합니다. 어떠한 사회적 효과나 교훈적 요소들과 거리를 둘 수 있어야 합니다. 그런 것들이 들어오면 이미 기도가 아닙니다.

　하나님과 우리는 아버지와 아들의 관계입니다. 그렇기에 우리의 필요를 하나님께 구하는 것은 당연합니다. 이때에도 철없는 어린 아들을 상정할 것이 아닙니다. 결국 장성하여 아버지 유업을 이어갈 아들의 모습을 생각해야 합니다. 우리에게 그 나라의 역사를 맡기셨습니다. 그리고 그분께서는 우리와 이러한 일들에 대해서 대화를 나눠주십니다. 그것이 기도입니다. 그러므로 우리 기도는 통치자들의 최고회의와 같은 성격을 갖습니다.

그런데 여기서 경거망동할 수 있겠습니까? 어린아이처럼 사탕이나 사달라고 조르고 있을 수 있겠습니까? 만약 그렇다면 성장하지 않는 신자들을 향하여 하나님께서는 얼마나 답답하시겠습니까? 장성하여 이제 왕의 사업의 일부를 담당하면서 아들다운 면모를 보여야 할 터인데 세월만 허비하고 덩치만 커진 사람처럼 행동한다면 걱정이 태산 같은 것입니다.

; 기도에 대한 잘못된 인식과 이미지들

일반적으로 흔히 가지고 있지만 배격해야 할 기도에 대한 이미지들이 있습니다. 그 중에 대표적인 것 몇 가지만 이야기 해보겠습니다. 먼저 순수한 기도라는 이미지입니다. 예전에 택시기사님들이 많이 붙여놓은 그림이 있습니다. 미소년이 두 손을 모으고 얼굴과 눈을 하늘을 향하고 있고, 밑에 '오늘도 무사히' 라고 쓰여 있는 그림입니다. 이런 그림을 보면서 사람들은 순수한 기도를 생각합니다. 어린아이와 같아야 하고, 어린아이와 같은 기도가 능력이 더 있을 것으로 여깁니다. 하지만 이런 이미지로 인하여 정당하게 장성해야 할 기도의 모습이 전혀 자라지 못하고 맙니다. 떼쓰기만 늘어납니다.

기도에 대한 또 다른 이미지는 천국전화입니다. 소통이라는 측면에서는 유용한 듯 보입니다. 하지만 하나님께서는 임마누엘 하십니다. 우리와 따로 떨어져 계시지 않습니다. 우리와 함께 계십니다. 우리가 만나는 현실을 함께 만나고 계시며, 우리가 느끼는 모든 것을 주께서도 알고 계십니다. 어디 멀리 계심으로 잘 모르기에 내가 긴급하게 전화를 걸어 설명해 드려야만 아시는 분이 아닙니다. 천국 전화라는 이미지는 이러한 임마누엘 하나님이라는 인식을 약화시킬 수 있습니다.

기도에 대한 신비주의적 이해도 배격해야 합니다. 자아에 대한 의식이 사라져 버리고, 입을 열어 말을 할 수 없는 상태에 들어가는 것을 기도라고 생각합니다. 몽롱한 감각 속에서 세상사를 완전히 잊어 버립니다. 그리곤 표현 못할 의식과 임재와 진리에 관한 지식 속에 그냥 머물러 살려는 것이 바로 신비주의적인 기도입니다. 그런데 이런 현상은 사회적 문제가 되고 있는 약물을 통해서도 얼마든지 가능합니다.

이런 식의 기도에 대한 이해들이 퍼져 있습니다. 하지만 이런 이미지는 정당하고 바른 기도에 대한 묘사가 될 수 없습니다. 진정으로 바른 기도에 대한 이해는 들으시고 응답하시는 아버지와 아들의 인격적 교제입니다. 기도에 대해서 올바른 인식과 이해가 부족하다보니 여러 가지 심각한 문제가 일어납니다.

프랑스에는 교회 현판에 사람들이 기도 내용을 써 놓는 풍습이 있다고 합니다. 거기에 적힌 내용을 보면 주로 '시험에 합격하게', '질병을 치유', '사업이 잘되게'와 같은 내용들이랍니다. 심심치 않게 발견되는 특이한 내용들은 '누구누구가 나를 사랑하도록 해주세요.'

라는 것도 있고, '이혼하고 싶다는 말을 그 사람이 먼저 화가 나서 꺼내게 해주소서.'라는 문구도 있다고 합니다.

언젠가 어느 자매의 수첩에는 이런 기도가 적혀 있었답니다. '미장원에서 머리 잘되게 해주세요.' 그런데 그 기도는 응답 된 것으로 기억하고 있습니다. 본인은 시간이 조금 지나면 이 기도를 전혀 기억도 못하거나, 아니면 '정말 그것이 하나님께서 해 주신 것일까?'라는 의심을 하게 될 것입니다. 왜냐하면 당위가 없기 때문입니다. 그러나 제가 보기에 그것은 하나님의 응답이 맞습니다. 때에 따라서는 어린 신자에게 이런 기도에 대한 응답하심이 하나님의 현존성을 확인하는 계기가 되기 때문입니다.

이렇게 말씀드리면 당장에 이런 생각을 하는 분이 있을 수 있습니다. '지금 예수를 믿어서 어린 신자일 때에 로또를 맞게 해 달라고 기도한다면 이뤄 주시겠네!' 죄송하지만 이것은 안 이뤄집니다. 왜냐하면 하나님께 중요한 것은 하나님의 현존성을 확인시키시고, 그것을 믿을 수 있도록 하시는 것입니다. 하나님을 이용해서 돈을 벌 수 있다고 생각하게 만드시는 것이 아니기에 그런 기도는 이뤄지지 않습니다. 유치한 기도라도 들어주시는 이유는 오직 하나님께서 나의 개인적 삶에 대해서도 늘 관심을 가지고 지켜보고 계시며, 내 삶에 들어오셔서 주관하고 계신다는 것을 확인시켜 주기 위해서입니다.

저 역시 예수를 처음 믿을 때에 주로 버스 시간에 조금 늦었는데 '버스를 탈 수 있게 해 주세요. 그렇지 않으면 지각입니다.' '교회 갔

다가 늦게 가게 되었는데, 아버지 어머니가 주무시게 해주세요.'라는 식의 기도를 많이 했습니다. 그리고 이런 유치한 기도를 이뤄주셨습니다. 그러면서 하나님께서 현존하시며 살아서 역사하심을 경험하고 인정하고 믿게 되었습니다. 기도는 이렇게 시작합니다. 그렇지만 이런 수준에서 그냥 머물러 있어서는 안 됩니다. 하나님 나라를 유업으로 받아서 잘 경영하기 위하여 준비하고, 힘써야 합니다.

; 이방인의 기도

[7]또 기도할 때에 이방인과 같이 중언부언하지 말라 저희는 말을 많이 하여야 들으실 줄 생각하느니라

이제 이방인처럼 기도하지 말라는 말씀을 살펴보려고 합니다. 이방인의 기도가 가지는 대표적 성격을 중언부언이라고 하셨습니다. 중언부언이란 말을 많이 하는 것이라고까지 설명해 주셨습니다. 예수님께서는 중언부언을 바른 기도와 이교적 기도의 경계로 제시하셨습니다. 즉, 바른 기도인가 아닌가는 기도 안에 거창한 말을 하고 예수님의 이름을 부르고 하나님을 부르고 하는 것으로 결정되는 것이 아닙니다. 아무리 예수님의 이름을 열심히 부르고, 하나님을 열심히 찾고, 성경구절을 통으로 외우더라도 바른 기도가 아닐 수 있단 말이기도 합니다.

그렇다면 중언부언으로 말을 많이 한다는 것은 무엇인가? 흔히 반복해서 말하는 것을 생각하게 됩니다. 그것도 어느 정도 포함되지만

그보다는 무슨 말을 거창하게 많이 넣어 하는 기도를 의미합니다. 멋져 보이는 단어들을 나열하고 있기는 한데 그 단어들이 무슨 의미인지 별로 생각지 않습니다. 그 단어들의 조합이 어떤 실체를 갖는지 도무지 관심도 없으면서 말을 늘어놓는 것을 말합니다. 말을 아주 잘해서 사람들 뿐 아니라 신이라도 이 말에 감화되어서 들어주도록 해야겠다는 생각입니다.

이러다 보니 박자를 맞추고 음률이 흘러가도록 기도를 구성하기도 합니다. 이렇게 하여 긴 시간 동안 기도를 함으로써 고행적 요소를 가미하기도 하다 보니 자신에게 필요한 모든 것을 아주 소소한 것까지 고해야 한다는 식으로 생각합니다. 하지만 이 모든 것은 '중언부언'하는 이방인의 기도, '말을 많이 하여야 들으실 줄 생각하느니라 (7절)' 는 예수님 말씀에 정확히 해당됩니다.

그렇다면 이렇게 말을 많이 하여야 들으실 줄 아는 것이 왜 문제일까요. 말을 많이 하고, 말을 멋지게 하고, 시간을 많이 들이고, 고행에 가까운 기도를 한다는 것은 정성을 드린다는 아이디어가 근간에 자리 잡고 있습니다. 세상은 '지성이면 감천이다'라고 합니다. 세상은 인격적인 하나님을 모릅니다. 그 인격자가 한없는 사랑을 베푸신다는 것을 잘 모릅니다. 값없이 주시는 은혜를 알 수 없습니다. 그런데 자기 힘을 넘어서는 일에 도움을 구해야겠다고 생각하며 막연한 신을 떠올립니다. 이 신은 힘과 선의는 가지고 있으나 자신과 인격적으로 연결되지 않았기에 자신이 그 신을 움직일 수 있으려면 자신의 선의를 증명하고 아뢰는데 정성을 다해야만 한다고 생각하는 것입니다. 이런 생각으로 하는 기도는 바른 기도자의 태도가 아닙니다.

; 불의한 재판관의 비유

이 비판을 접하면서 어떤 이들은 불의한 재판관과 억울한 과부 이야기를 떠올리면서 반발할지도 모르겠습니다. 하지만 이것은 예수님 말씀을 유의해서 보지 않거나 자기 마음대로 해석했기 때문에 나오는 오해입니다. 누가복음 18:1-8입니다.

[1]항상 기도하고 낙망치 말아야 될 것을 저희에게 비유로 하여 [2]가라사대 어떤 도시에 하나님을 두려워 아니하고 사람을 무시하는 한 재판관이 있는데 [3]그 도시에 한 과부가 있어 자주 그에게 가서 내 원수에 대한 나의 원한을 풀어 주소서 하되 [4]그가 얼마 동안 듣지 아니하다가 후에 속으로 생각하되 [5]이 과부가 나를 번거롭게 하니 내가 그 원한을 풀어주리라 그렇지 않으면 늘 와서 나를 괴롭게 하리라 하였느니라 [6]주께서 또 가라사대 불의한 재판관의 말한 것을 들으라 [7]하물며 하나님께서 그 밤낮 부르짖는 택하신 자들의 원한을 풀어 주지 아니하시겠느냐 저희에게 오래 참으시겠느냐 [8]내가 너희에게 이르노니 속히 그 원한을 풀어 주시리라 그러나 인자가 올 때에 세상에서 믿음을 보겠느냐 하시니라.

이 본문을 읽고도 무슨 말인지 이해하지 못한 분들이 계실 것입니다. 그렇다면 1절을 다시 유심히 읽어보시기 바랍니다. '낙망치 말아야 될 것'을 위해서 이 비유를 하고 계십니다. 이 비유는 어떻게 하면 우리 기도를 들어주실 것인가를 가르치기 위한 것이 아닙니다. 항상, 열심히 기도했는데도 응답을 받지 못하고 있는 상황에 대한 말씀입니다. 우리 기도가 너무도 정당해 보이기에 응답되어야 할 것 같은데도 응답되지 않고 있을 때, 어떤 마음으로 기다려야 하는지 가르쳐주시고자 하신 비유입니다.

즉, 응답이 안 된다고 하더라도 꼭 틀리거나 잘못된 기도는 아니니 낙망치 말고 지속적으로 기도를 해 나가라는 말씀입니다. 응답을 늦추심으로써 우리를 연단하시고, 더 큰 은혜를 베푸시기 위하여 유보하고 계시다는 말씀입니다. 하나님께서는 불의한 재판관처럼 정당함에도 불구하고 들어주지 않으려고 애쓰고 계시는 분이 아니란 말씀입니다. 이걸 '지성이면 감천'이라고 생각하면 하나님을 불의한 재판관이라고 여기고 있는 반증입니다. 오히려 예수님께서는 오늘 본문에서 이렇게 말씀하십니다.

; 구하기 전에 다 아신다.

⁸그러므로 저희를 본받지 말라 구하기 전에 너희에게 있어야 할 것을 하나님 너희 아버지께서 아시느니라.

우리가 믿는 하나님께서는 전지전능하십니다. 너무 상식적인 말입니다. 우리가 구하기 전에 다 아십니다. 물론 그렇다고 구하지 않아야 한다거나 구하지 않아도 된다는 말씀이 아닙니다. 야고보 사도는 '너희가 얻지 못함은 구하지 아니함이요(약4:2)'라고 하셨고, '하나님께 구하라. 그리하면 주시리라(약1:5)'고도 하셨습니다. 우리는 분명히 하나님께 구해야 합니다.

그러면 예수님 말씀을 어떻게 이해해야 합니까? 구하지 말라는 말씀은 분명 아닙니다. 다만 구하기 전에 아신다는 말씀입니다. 즉, 내가 하나님께 구하러 나갈 때에 내가 보고서를 세세히 작성하지 않으면 잘 모르실테니까 정보를 소소하게 다 알려 드려야만 하겠다는 식으로 생각하지 말라는 말씀입니다. 오히려 하나님께서 이미 다 알고 계신다는 것을 생각하면서 그 전제하에 기도해 나가야 한단 말입니다.

이 두 가지 접근방식의 기도에 대한 간략한 예를 들어보겠습니다. 어느 가정에 돈이 부족합니다. 전자의 경우에는 '하나님, 저희 가정에 돈이 부족합니다. 그래서 아이를 학원에 보낼 수도 없습니다. 물질의 부를 주십시오.'라고 기도할 것입니다.

하지만 하나님께서 현실을 알고 계심을 전제한 기도라면 이런 식으로 말씀드리지 않을 것입니다. 돈이 없는 현실을 하나님께서 아실 뿐 아니라 더 나가서 돈이 없는 현실을 바로 하나님께서 우리에게 주셨다는 인식을 전제로 기도해야 합니다.

그렇다면 동일한 상황이라면 이렇게 기도할 수 있습니다. '하나님, 주께서 저희 가정에 돈이 없게 하셔서 아이 학원비가 없습니다. 저희는 아이를 학원에 보내서 더욱 재능 있는 하나님 나라 백성으로 양육하는 것이 하나님 뜻이라고 여기며 왔습니다. 그런데 돈이 없음으로 더 이상 학원에 다닐 수 없는 현실 앞에 서 있습니다. 학원을 그만 다니는 것이 주의 뜻 일지요. 아니면 다른 방도를 내서라도 지속적으로 학원에 보내는 것이 맞는지요? 아니면 제가 주께 구하지

않았기에 주지 않으셨는지요? 은혜와 지혜를 주십시오.'라고 기도하
게 됩니다.

　'제가 생각하기에 분명 돈이 필요한데 왜 돈을 주시지 않으십니
까?'라는 기도를 하는 것이 바로 하나님께서 다 아신다는 것을 믿지
않는 것입니다. 지금은 네가 돈이 없음으로 인하여 곤란을 겪으면서
배워야 할 것이 있다고 하실 수도 있고, 네가 내게 구하지 않아서 주
지 않았다고 하실 수도 있습니다. 네가 아직 깨달을 수 없는 거대한
일이 있으나 아직 네가 다 알 수 없기에 좀 더 인내하고 기다려라 하
실 수도 있습니다. '네가 열심히 일을 하지 않고 게으르게 살고 있기
때문이다'라고 하실 수도 있습니다. 이러한 여러 가지 응답이 있을
수 있습니다.

; 오직 예수님의 공로에 의지하여 기도함

　우리는 기도를 마치면서 "예수님 이름으로 기도합니다." 혹은 "예
수님 공로를 의지하여 기도합니다."라고 합니다. 우리의 공로를 말
하지 않습니다. 우리의 기도라는 것이 우리의 정성과 열심만으로 하
나님께 드려질 수 없음을 표시하고 고백합니다. 그런데 '내 정성도
좀 보태야지 예수님 이름만으로는 부족해서 이뤄지지 않을 수도 있
겠다.'는 생각을 합니다. 자기도 모르게 그런 생각 속에서 기도로 공
로를 쌓으려고 합니다. 이것이 얼마나 예수님의 공로와 신성한 이름
을 모욕하는 행위입니까? 내 정성으로 사는 것이 아니고 하나님께서
값없이 주시는 은혜로 삽니다. 은혜를 받는 자가 만분의 일이라도

자기가 만들었다고 생각하는 순간 은혜는 대가가 됩니다.

　새벽기도를 생각합니다. 새벽에 기도하는 것이야말로 정신이 맑은 상태에서 바른 기도로 나가기 좋은 여건이 조성됩니다. 지난 시간에 이야기 했던 하나님과 인격적인 깊은 교제의 대화로 나갈 '골방'이 형성될 조건이 충분합니다. 그렇기에 새벽기도는 참으로 좋습니다. 그런데 혹여 마음속에 조금이라도 '나는 매일 새벽기도를 했다'라는 의식이 일어나고, 그것이 자신에게 공로 의식을 준다면 심각한 문제가 됩니다.

　또한 자신이 기도를 많이 하므로 자신의 기도에는 능력이 있다고 여기는 사람도 기도가 무엇인지 도무지 모르는 사람입니다. 말을 많이 하고, 열정을 내고 정성을 드려서 기도하고, 그것이 어떤 효력을 발생하게 하는 원인이 된다고 생각하는 것이 바로 이교적 기도이며, 중언부언입니다.

　마지막으로 엘리야와 바알, 아세라 선지자의 갈멜산 전투 이야기를 하고 마치겠습니다. 바알과 아세라 선지자들은 아침부터 저녁까지 열심히 기도를 했습니다. 450명의 사람들이 몸에 상처를 내고 피를 흘리는 고행을 하면서 노력했습니다. 이에 대해서 엘리야는 이렇게 놀립니다.

　왕상18:27 오정에 이르러는 엘리야가 저희를 조롱하여 가로되 큰 소리로 부르라 저는 신인즉 묵상하고 있는지 혹 잠깐 나갔는지 혹

길을 행하는지 혹 잠이 들어서 깨워야 할 것인지 하매

　그런데 이들의 기도가 끝나고서 엘리야는 별다른 열심을 내지도 않습니다. 오래 기도하지도 않습니다. 그럼에도 응답이 내렸습니다. 기도는 열심과 정성으로 응답되는 것이 아닙니다. 하나님께 아뢰어야 합니다. 하나님께서 모든 것을 아신다는 사실을 알고 그분 뜻을 좇아 기도해야만 합니다.

5 주기도문 (1)

– 초월하시면서 내재하시는 하나님

마태복음 6:9-13

----

⁹그러므로 너희는 이렇게 기도하라 하늘에 계신 우리 아버지여 이름이 거룩히 여김을 받으시오며 ¹⁰나라이 임하옵시며 뜻이 하늘에서 이룬 것같이 땅에서도 이루어지이다 ¹¹오늘날 우리에게 일용할 양식을 주옵시고 ¹²우리가 우리에게 죄 지은 자를 사하여 준 것같이 우리 죄를 사하여 주옵시고 ¹³우리를 시험에 들게 하지 마옵시고 다만 악에서 구하옵소서(나라와 권세와 영광이 아버지께 영원히 있사옵나이다 아멘)

; 이방인의 기도를 본받지 말라

예수님께서는 하나님 백성의 바른 태도를 외식하는 문제와 대조하셨습니다. 외식으로 오염되면 구제와 금식과 기도가 쓸모없는 것이 되기에 하나하나 경계해 주셨습니다. 그 중에서 기도는 외식의 문제만 아니라 이방인의 기도를 경계하라고 하셨습니다. 중언부언으로 말을 많이 하는 것은 이방인의 기도며, 그리스도인의 기도는 이와 달라야 한다고 가르치셨습니다.

이방인은 신의 인격적 사랑을 생각하지 못하거나 믿지 못합니다. 정성을 다하여야만 신이 감복하여 개입한다고 생각하기 때문에 기도할 때 말을 많이 합니다. 신의 개입 의지가 약하기에 오랫동안 애걸하여야 하고, 자신의 고행으로 자신의 선의와 희생이 확증되어야 합니다. 이런 생각이 전제되어 있는 것이 중언부언입니다.

예수님께서는 우리에게 이런 기도를 본받지 말라고 하셨습니다. 신을 감탄시키려는 중언부언의 기도라는 형식을 취해서 자신이 효과를 발생시키려는 이중성을 따라가지 말라고 하십니다. 우리의 기도가 이방인의 기도와 다를 수 있는 이유는 하나님께서 우리에게 있어야 할 것을 이미 다 아시기 때문입니다. 하나님께서 다 아시기 때문에 기도를 하지 말아야 하는가? 그렇지 않고 기도할 때 하나님께서 다 아신다는 것을 전제하고 기도해야 합니다.

; 기도를 구원하는 주기도문

그리고 '그러므로 이렇게 기도하라(9절)' 는 말씀과 함께 기도의 모범으로 주기도를 주셨습니다. 이처럼 주기도문은 우리를 외식하는 기도와 중언부언하는 이방인의 기도로부터 건지시려고 가르쳐주신 것입니다.

그릇된 기도를 버리고 바른 기도로 나간다는 것은 예수님의 특별한 가르침이 필요할 만큼 쉽지 않은 문제입니다. 그 이유는 우리가 우리의 본성을 따라 기도하려는 고집을 버리지 못하기 때문입니다. '지성이면 감천'이라는 종교적 본성을 따른 기도를 버리지 못합니다. 그런 정성에 진심을 담고, 열심을 다하면 바른 기도가 되고 능력 있는 기도가 되는 것이라고 생각합니다. 이것은 우리 생각일 뿐이며, 그런 노력들은 결국 이방인의 기도로 가는 길입니다.

바른 기도는 진심과 정성과 열심이 아니라 지식과 인식이 필요합니다. 우선, '구하기 전에 너희에게 있어야 할 것을 다 아신다'는 말씀으로 상황을 인식해야 하고, 거대한 하나님 나라의 경영을 살필 수 있는 성경적 지식이 필요합니다.

; 기도를 못하게 되었다는 한탄

어쩌면 이 책으로 인하여 기도를 못하게 되었다고 한탄하실 수도 있습니다. 하지만 그것은 당연히 만나게 될 어려움입니다. 초신자의 기도에는 하나님의 살아계심을 확신하기 위한 응답이 주어집니다. 그러나 그것이 기도의 정수라고 여기면 안 됩니다. 언제까지 어린아이일 수 없습니다. 단단한 식물을 먹고, 고도한 하나님 나라 백성다운 자태를 흉내라도 내라는 요구를 받게 됩니다.

우리는 죄인으로 쫓겨나서 사탄의 나라에서 노예로 살던 수준과 습성이 아직 고스란히 남아 있습니다. 하나님과 대면하여 세상을 경영을 함께 논의한다는 것을 감히 상상할 수 없던 자들입니다. 그런데도 우리를 부르십니다. 함께 논의해보자고 하십니다. 이 위대한 경영에 참여하라고 독려하십니다.

우리는 기도의 말이 어눌합니다. 무엇을 말해야 할지도 모르겠습니다. 하지만 우리는 성경을 보면서 말을 배우고, 예수님 말씀으로 가르침을 받으며 성령님의 지도를 받고 있습니다. 예수님께서는 이러한 기도를 가르쳐주시기 위하여 직접 주기도를 주셨습니다. 차분차분하게 익히면 기도 속에서 깊은 논의를 할 수 있게 될 것입니다. 그러면 언젠가는 초신자 때 기도하고 응답받던 것과 차원이 다른 풍성하고 위대한 기도의 역사를 보게 될 것입니다.

; 마태와 누가, 누가 맞을까?

지금부터 예수님께서 가르치신 기도에 대해서 여러 장에 걸쳐 살펴보게 될 것입니다. 예수님의 기도하시는 모습은 아마도 상당히 충격적이었으리라 생각됩니다. 왜냐하면 당시 수많은 사람들의 기도와 전혀 달랐기 때문입니다. 예수님의 공적기도는 중언부언하지 않으시고 고도한 인식수준과 하나님과의 깊은 교제가 드러나서 감히 예수님의 기도를 흉내 내기 어려웠습니다.

이런 예수님의 기도를 보면서 제자들은 자신들이 지금까지 해오던 기도에 부족함과 문제가 있음을 깨닫게 되었습니다. 그래서 예수님께 기도를 가르쳐 주시기를 요청 드렸습니다. 마태복음에서는 예수님께서 자진하여 가르치신 것처럼 기록되었습니다. 반면 누가복음을 보면 제자들이 먼저 예수님께 기도를 가르쳐 주시길 요청합니다. 어느 쪽이 맞고 어느 쪽이 틀렸을까?

당시 정황적으로 실제 상황에 더 가까운 기록은 누가복음으로 보입니다. 누가복음에서는 예수님께서 기도를 마치자 제자들 중 하나가 세례 요한이 그의 제자들에게 기도를 가르친 것과 같이 우리에게도 기도를 가르쳐 주시기를 요청합니다. 당시 신앙운동을 하던 공동체들은 자신들 사상에 근거한 독특한 기도문을 가지고 기도하는 것이 공통된 특징이었습니다. 그래서 기도하시는 예수님에게서 고도한 기도의 모습을 본 제자들이 예수님께 기도를 가르쳐 주시기를 요청한 것입니다.

그렇다면 마태의 기록이 부족하거나 틀린 것인가? 제자들이 요청한 장면이 없다고 틀렸다고 할 수 없습니다. 복음서는 역사적 기록물이기는 하지만 역사서는 아닙니다. 역사를 통한 신학적 저술입니다. 그렇기에 역사를 일대일 대응 방식으로 기록하지는 않았습니다. 마태복음의 경우에는 예수님의 가르침 단락과 행적에 대한 단락이 비교적 명확히 구분됩니다.

특히 산상수훈 내용들은 꼭 한 자리에서 다 가르치셨다고 보기 보다는 예수님의 중요한 가르침들을 모아서 구성하고 있는 것으로 보입니다. 이런 복음서의 기록 목적과 특징들을 이해하지 못하면 성경이 모순된다느니 틀렸느니 하는 이야기를 하게 됩니다.

; 주기도, 신앙의 중심

마태는 산상보훈을 다섯 부분으로 구성하고 있습니다.

1. 5:3-16 팔복을 가르치심
2. 5:17-48 새로운 법을 선언하고 가르치심
3. 6:1-18 구제, 기도(주기도), 금식. 경건 행위를 가르치심
4. 6:19-7:11 십계명의 제1계명에 대한 예수님의 설교
5. 7:12-27 결론적 권면

이 다섯 부분 중에서 제일 중간 부분에 삶의 실천에 관한 말씀이 있습니다. 이것은 구제, 기도, 금식 이렇게 세 가지로 구성되어 있는

데, 이 셋 중에 정 중앙에 기도에 관련된 내용이 있고 거기에 주기도문이 포함되어 있습니다. 마태는 산상보훈을 아주 정교하게 구성하고 핵심에 주께서 가르치신 기도를 위치시켜 놓았습니다. 주기도문을 강조하기 위하여 문학적 구성에 최선을 다하고 있는 모습을 보이고 있습니다. 그만큼 주기도문은 중요한 위치를 차지합니다.

주기도문의 내용은 대략적으로 첫째, 기도를 들으시는 하나님은 어떤 분이시며 어떠한 하나님이신가를 생각하게 하고, 그런 하나님께서 당신의 나라를 이 땅에 세우시는 일을 유념하며 기도하도록 하셨습니다. 둘째, 너는 지금 어떤 위치에 서서 기도하는가의 문제, 지금 서 있는 자리를 중요히 생각해야 한다는 점을 가르쳐 주고 있습니다. 셋째, 무엇을 구하냐, 왜 구하느냐 하는 문제를 말씀하셨고, 넷째, 그렇다면 구하는 일에 대해서 너는 어떠한 책임을 지는가에 대한 내용이 담겨 있습니다.

이러한 내용은 다시 두 가지로 압축해서 생각할 수 있습니다. 하나는 하나님 나라에 대한 간구이고, 다른 하나는 그 나라 백성으로서의 삶에 대한 청구입니다.

; 초월과 내재

이제 주기도문을 직접 만나보겠습니다. 주기도문의 첫 번째 부분을 살펴보겠습니다.

^{마6:9中}하늘에 계신 우리 아버지

　우리는 이 말씀 속에서 유념해야 할 세 가지 사실을 봅니다. 하나님께서는 하늘에 계시는 분이시라는 사실입니다. 그리고 나는 그분 자녀입니다. 그분은 나의 아버지시면서 동시에 우리의 아버지도 되십니다. 하늘에 계시는 아버지와 자녀된 우리라는 고백은 인간의 이성으로는 연결하기 어려운 내용입니다. 초월적인 분이시면서 동시에 인간들의 아버지가 되시는 내재적 관계성을 가지신 분이라는 고백이자 선언입니다.

　세상의 종교들은 이 둘 중에 하나로 치우칩니다. 내재적 종교는 초월성을 인정하지 않는 종교로써 범신론적 종교로 불교가 대표적입니다. 초월적 존재를 인정하지 않고, 우주 만물에 합일하는 것이 구원이라고 여깁니다. 초월적 종교로는 이슬람교를 말할 수 있습니다. 이들은 이신론(理神論)으로써 신이 존재하지만 신은 이 세상에 자발적으로 관여하거나 섭리하지 않습니다. 다만, 이치를 세우고 그 이치가 세상을 움직이고 있을 뿐입니다.

　재미있는 것은 이 두 종교가 모두 자력으로 구원을 받는 구원론을 가진다는 것입니다. 내재적 종교는 자신의 욕망을 완전히 없애서 자신이려고 하는 모든 의지를 제거함으로써 우주와 합일하기 위해 열심히 고행을 합니다. 초월적 종교는 신이 잘 듣지 않기 때문에 신을 설득하여서 어떻게 하든지 신이 보고 구원하도록 열심히 수행을 행하고, 공로를 쌓아야 합니다.

크리스천의 곤고한 적 외식外飾

오늘날 현대 신학자들은 초월적 신의 내재적 임재를 믿지 않는 쪽으로 치우쳐 있습니다. 그래서 자꾸 하나님을 내재적 신으로 만들려고 합니다. 내재적 신이란 사실은 신이 없다고 말하는 것과 같습니다. 우리가 신이라든가, 우주가 신이라고 하는 식으로 주장합니다. 우리의 실존적 문제에 대한 해답으로써 신이 요청된다고도 합니다.

; 초월하시면서도 동시에 내재하시는 하나님

오늘날 어떤 신학자들이 불가능하다고 주장하는 초월과 내재의 연합에 대해서 예수님께서는 이처럼 간략한 한 마디 말씀을 통해 가르치시고 고백하도록 하셨습니다. 마치 오늘날의 신학자들과 철학자들의 똑똑한척하면서도 어리석은 주장을 할 것을 아시고 미리 답을 주신 것 같이 생각될 정도입니다.

우리에게는 이 초월과 내재의 두 사실이 신비하게 연합하여 작용합니다. 이것이 '하늘에 계신 우리 아버지'라고 기도하도록 하신 데에서 드러납니다. 하늘에 계시는 초월적인 하나님께서 그냥 계시지 않고, 이 세상과 항상 관계하시고 계십니다.

하나님께서 하늘에 계신다는 말에서 다시 한 가지 생각해야 할 것은 하나님은 우리가 대단히 두려운 마음으로 모든 공경을 바쳐야 할 대상이라는 사실입니다. 그렇기에 하나님께 대한 공경과 깊은 두려움이 결여된 생각은 참된 경건이 아닐뿐더러 하나님께 대한 바른 지식을 갖지 못한 태도입니다. 그러므로 '하늘에 계신'이라는 말은 우리에게는 아주 송구하고 황송한 말이면서 또한 우리가 가질 수 있는 최대의 공경을 드려야 한다는 것을 표시합니다.

하지만 멀리만 계신다면 두려워 할 것이 없습니다. 무서운 호랑이도 동물원에서처럼 간격을 두고 있어 넘어올 가능성이 없다면 그저 구경거리일 뿐입니다. 하나님께서는 하늘에 계시는 분으로서 초월적인 분이시지만 '우리 아버지'가 되시는 분입니다. 하늘에만 계시지 아니하시고 이 땅에 당신 자녀들의 삶에 직접 관여하십니다.

아버지라고 부를 때에는 우리 모두 다 잘 알고 있는 관계, 어렸을 때부터 우리를 두르고 있는 어떤 한 관계를 다 느낍니다. 하나님의 활동의 성격이 '아버지 되심'이라고 표현될 만큼 인간에 대한 큰 사랑을 가지셨습니다.

그러나 동시에 여기 '하늘에 계신' 이라는 말이 덧붙여 있음으로 인하여 우리는 이 세상의 친숙한 우리의 아버지에 대해서 가지고 있는 감정만으로 하나님을 대할 수 없다는 사실을 다시 느끼게 됩니다. 우리의 심령이 하나님 아버지께서 계신 저 천국으로 들어 올려지게 합니다. 어린 아이가 그저 철없이 매달릴 수 있는 아버지라는 수준을 넘어서 우주 만물을 다스리는 만왕의 왕이신 하나님과 그의 대권을 이어 갈 후계자로서의 인식에까지 다다라야 할 것을 이 말씀을 통해서 깨닫고 되새기게 됩니다.

6 주기도문 (2)

– 초월자께서 우리 아버지 되심

마태복음 6:9-13

----

[9]그러므로 너희는 이렇게 기도하라 하늘에 계신 우리 아버지여 이름이 거룩히 여김을 받으시오며 [10]나라이 임하옵시며 뜻이 하늘에서 이룬 것같이 땅에서도 이루어지이다 [11]오늘날 우리에게 일용할 양식을 주옵시고 [12]우리가 우리에게 죄 지은 자를 사하여 준 것같이 우리 죄를 사하여 주옵시고 [13]우리를 시험에 들게 하지 마옵시고 다만 악에서 구하옵소서(나라와 권세와 영광이 아버지께 영원히 있사옵나이다 아멘)

　앞에서 하나님의 초월하심과 내재하심에 대한 고백을 중심으로 말씀드렸습니다. 초월하신 하나님은 전적으로 이 세상 밖에 계시는 분입니다. 이 세상에 속하지 않으시고 심판의 위치에 서 계십니다.

　초월자가 그의 피조물 세계 안으로 들어온다는 것은 논리적으로 성립될 수 없는 이야기입니다. 무한이 유한으로 들어올 수 없고, 큰 그릇이 작은 그릇으로 들어갈 수 없습니다. 이 논리적 모순을 넘어서 하나님께서는 이 세상에 들어오셨습니다. 이 작은 그릇이 깨지지 않도록 자신을 낮추시고 인간의 몸을 입으시고 비천한 존재와 같이 되셨습니다. 이것이 바로 하나님이 우리와 함께 하심, '임마누엘' 하심의 비밀입니다.

　초월자이신 하나님께서 이처럼 우리 아버지가 되시기 위해 열심을 다 하셨습니다. 이 사실을 인식하고 고백하며 기억을 새롭게 하는 것이 바로 '하늘에 계신 우리 아버지'라는 구절입니다.

　그런고로 주기도문의 첫 구가 얼마나 밝고 따스한 심정을 기도 전체에 주는 것인지 생각해야 합니다. 이러한 기도를 진정으로 드린

신자는 고요하고 안정한 지역으로 인도됨을 느끼게 됩니다. 동시에 자신의 존재가 얼마나 존귀하며 자신에게 맡겨진 책임의 중대함도 확인하게 됩니다.

; 마음의 바른 경계와 차원

예수님께서 '하늘에 계신 우리 아버지'라고 기도를 시작하게 하신 이유는 하나님을 아버지라고 생각하면서 동시에 또한 그 하나님께서 이 땅이 아닌 하늘에 거하시는 분이라는 생각을 하면서 기도하라고 하신 것입니다. 땅에 계신 분이 아니고 하늘에 계신 분이심으로 땅과 구별되어 광대하고 청결하고 무한하며 숭고한 그분을 생각해야 합니다.

그분이 거하시는 집이 곧 나의 집이라는 심정으로 '우리 아버지'하고 부를 수 있고, 그러므로 지금 나는 나의 참 아버지가 계신 그 집에서 아버지에게 나의 모든 것을 구한다는 마음의 경계에 올라 선 후에 비로소 그 다음에 나타나는 말을 해야 합니다.

이와 같이 주기도문의 첫 구, '하늘에 계신 우리 아버지'는 기도하는 자의 마음이 바른 경계 혹은 바른 차원에 서 있어야 할 것을 먼저 전제적으로 요구합니다. 마음의 바른 경계와 차원은 하나님께 대한 정당한 인식과 바른 심정을 품는 데에서부터 시작한다는 것을 가르쳐 줍니다. 하나님께 대한 바른 심정과 정당한 인식은 기도를 남용하지 않고 그릇되게 쓰지 않도록 합니다.

기도는 남에게 보이는 종교행사가 아니며 많은 말을 꾸며 넣어서 이방 신과 접촉하려는 사람이 진언하듯 하는 것이 아닙니다. 어디까지든지 개인이 하나님께 직접 구하는 가장 개인적인 것으로, 모든 것을 다 아시고 구하기 전에 있어야 할 것을 다 아시는 그분에게 도달해서 시작해야 할 것이라고 가르치신 것입니다.

　　제멋대로 어느 때든지 만나고 싶으면 만나서 자신의 위치에서 욕심내는 것을 요구할 수 있는 분으로 인식한다면 알라딘의 요술램프이지, '하늘에 계신 우리 아버지'가 아닙니다. '하나님, 안녕하십니까, 제가 이러저러한데, 이렇게 해 주십시오' 하는 것은 자기가 중심이 되고 주인이 되어서 하나님을 나에게 평안과 행복과 필요를 공급해 주는 수호신 정도로 생각하는 것입니다.

　　그렇다보니 하나님에 대한 인식이 삐뚤어져서 더욱 하나님에 대해서 정당한 태도를 가지지 못합니다. 하나님께 기도한다고 하면서도 실제로는 마치 요술램프의 요정을 부르는 것처럼 명령하는 위치에 섭니다. 나오라고 해도 잘 나오지 않는 요정을 부르기 위하여 램프가 닳도록 계속 문지릅니다. 중언부언하는 기도로 하나님의 응답을 촉구합니다.

　　마치 불의한 재판장을 볶아대는 과부 같은 심상을 가지고 기도합니다. 하나님을 불의하다고 생각하거나 하나님은 우리 문제에 별다른 관심이 없으신 분이라는 생각을 하면서 떼를 써서라도 그 능력을 얻어내야겠다고 생각합니다. 하나님을 초월하신 분, 멀리 계신 분으로 여기면서 여기를 좀 보라고 소리를 지르고 꽹과리를 칩니다.

크리스천의 곤고한 적 외식外飾

; 자녀된 우리

하지만 예수님께서는 하나님을 우리에게 '하늘에 계신 우리 아버지'라고 하셨습니다. 초월하여서 전적타자로 계시는 그분께서 우리 아버지라고 말씀하셨습니다. 하나님은 전적타자로 계시면서도 이 땅을 그냥 내버려두시는 것이 아니라 깊이 섭리해 들어오십니다. 그 섭리하심이 맹목적이거나 우리와 관계없는 전혀 다른 방향이 아니라 '우리 아버지시다'라고 표현할 수 있는 것입니다. 즉, 하나님의 이 세상에 대한 섭리 활동은 '우리 아버지' 되심을 전제로 하신다는 말씀입니다.

예를 들면, 학부모가 학교에 가서 운영위원을 한다고 할 때와 같습니다. 내 자녀의 부모로서 자녀가 다니는 학교에 도움이 되고, 그렇게 하여서 자녀의 바른 교육을 위하여 활동합니다.

그런데 자신을 정의의 투사로 착각하거나 자신의 자존심을 내세우려고 하다가 도리어 자녀의 학교생활 자체가 불가능하게 만드는 경우가 간혹 있습니다. 아무리 정당성이 있다고 하여도 자녀의 부모로서의 위치를 망각한 행위입니다. 내 자녀의 부모로서 운영위원을 하고 있음을 잊지 말아야 합니다.

그렇다고 내 자녀에게만 유리한 환경을 만들기 위해서 활동해선 안 될 것입니다. 그것은 반칙이며 불의한 짓입니다. 공정하고 공평하게 하면서 학교 전체에 조금이라도 보탬이 되고, 그로 인한 혜택이 모두에게 돌아갈 때에 그 속에 있는 내 자녀에게도 유익할 것이라고 생각하면서 일해야 할 것입니다.

하나님께서도 이와 같습니다. 천지를 만드시고, 만들어 놓고 시계처럼 바라만 보는 것이 아니라 계속 섭리해 나가시는데, 그 섭리가 기계론적 활동이 아니라 인격적 활동, 사랑의 활동을 하십니다. 기계론적 활동이란 시계가 제대로 작동하도록 시스템을 완성해 놓고, 가끔 문제가 생기면 잠시 개입하여 시스템을 정비하는 법칙적이고, 논리적 활동을 의미합니다.

하나님께서는 이런 기계론적 활동을 하시는 존재가 아니십니다. 성경을 통해서 우리에게 계시하시는 하나님은 자신을 인격적 사랑의 활동을 하는 존재로 말씀하십니다. 비논리적 활동을 하신다는 말이 아니라 초논리적 활동을 하신다는 말씀입니다. 죄의 값이 사망인데, 인간은 죄를 지었으니 죽어야 한다는 것이 논리적입니다. 인간의 죄를 그냥 사해준다는 것이 비논리적입니다.

하지만 하나님께서는 삼위 하나님 중에 성자 하나님을 보내셔서 대신 죽게 하여 그 죽음을 인간의 죄 값으로 내놓음으로 죄를 용서하신다는 것이 바로 초논리입니다. 이는 감히 천상의 천사들도 알 수 없어서 보기를 원했던 방법입니다.

하나님께서는 왕으로서 법, 하나님의 공의로운 법을 근간으로 세상을 통치하십니다. 그러나 우리에게는 '아버지'로서 사랑하시는 관계로 활동하십니다. 그렇다고, 하나님께서 우주만물을 다스리시는 법을 무시하고, 공의를 깨뜨리면서 우리를 아들로서 '봐 주기'를 하시는 것은 아닙니다. 그것은 학교 운영위원이 되었다고 자기 자녀에게만 뭔가 유리한 구조를 만드는 것과 같은 반칙입니다.

하나님께서는 공의로우심을 충분히 만족시키면서 인격적 사랑을 베푸시는 우리 아버지로서도 활동하십니다. 그러므로 '하늘에 계신 우리 아버지'라고 고백할 때에 위와 같은 하늘에 거하시는 초월성뿐만 아니라 아버지로서 사랑의 관계성을 가지시는 하나님에 대해서 깊은 인식을 하면서 말해야 합니다.

; 둔감하고 어두운 데서 하늘로

그러므로 '하늘에 계신 우리 아버지'라는 이 한 마디가 얼마나 장엄합니까! 천지도 포용할 수 없고, 무엇으로도 표현할 수 없는 그분에게 지금 내가 감히 말씀을 드릴 수 있게 되었습니다. 우리 아버지이신 까닭에 말씀을 드릴 수 있습니다.

이것은 자신이 기도의 특권을 확실히 받았다는 것을 인식함에서 시작합니다. '그러한 숭엄한 분 앞에 어떻게 인간이 감히 가까이 갈 수 있으랴?' 이것이 죄인의 두려움입니다. 하나님께서 무한하신 사랑으로 나를 자식으로 삼았다는 큰 은혜를 굳게 믿어야 하나님께 나갈 수 있습니다.

하나님 자식이 될 만한 아무런 근거가 없이 오직 사랑하시는 아들 예수 그리스도의 생명으로 말미암아 끝없이 계속적으로 은혜를 주신 까닭에 우리는 살아서 기도하는 것이고, 우리 안에 새로운 생명으로 비로소 존재하게 됩니다. 이런 고귀한 존재를 표현할 때에 하나님 자녀라고 하고, 우리는 '하늘에 계신 우리 아버지'라고 부르게 됩니다.

그런데 우리가 입에 붙은 말로 '하늘에 계신 우리 아버지'라고 하면서 우리 마음이 위와 같은 바른 경계와 차원에 있지 못하고 인식이 우리 마음을 지배하지 않는다면 옳지 않은 면역성이 우리를 사로잡을 수 있는 것입니다.

오히려 우리가 세상의 소란함과 복잡함 가운데서라도 '하늘에 계신 우리 아버지'라고 부를 때에는 모든 실존세계의 착잡함을 떠나서 고요하고 맑고 아름다운 세계로 내 심정이 인도되어야 합니다. 그리하면 실존적으로 내 앞에 있는 현실이라는 것이 오히려 하나님 앞에서 그림자와 같음을 깨닫고 본질을 인식하게 되어 참 평안을 누리면서 진정으로 팔복을 누릴 수 있게 됩니다.

이러한 복을 누리지 못하는 이유는 우리가 주기도문을 그저 하나의 형식적 기도문으로 외우고 있기 때문입니다. 정당한 마음으로 '하늘에 계신 우리 아버지'를 부름으로써 바른 지위와 차원을 회복하여 이 세상의 그 어떤 힘의 도전 앞에서도 굳건히 서 있는 백성이 될 수 있기를 바랍니다.

크리스천의 곤고한 적 외식外飾

7 주기도문 (3)

- 왕의 영광을 위하여

마태복음 6:9-13

----

⁹그러므로 너희는 이렇게 기도하라 하늘에 계신 우리 아버지여 이름이 거룩히 여김을 받으시오며 ¹⁰나라이 임하옵시며 뜻이 하늘에서 이룬 것같이 땅에서도 이루어지이다 ¹¹오늘날 우리에게 일용할 양식을 주옵시고 ¹²우리가 우리에게 죄 지은 자를 사하여 준 것같이 우리 죄를 사하여 주옵시고 ¹³우리를 시험에 들게 하지 마옵시고 다만 악에서 구하옵소서(나라와 권세와 영광이 아버지께 영원히 있사옵나이다 아멘)

'하늘에 계신 우리 아버지'를 부르는 것은 우리를 한 번에 하늘로 인도합니다. 하늘에 계시는 초월하신 하나님께서 우리 아버지이시기에 우리는 그의 자녀로서 그의 집에 거할 권리가 있습니다. 또한 그분의 보살핌을 받고 있을 뿐 아니라 모든 은혜도 누릴 자이며, 장차 이 세상을 유업으로 받을 자라는 사실을 '하늘에 계신 우리 아버지'라는 말씀을 올릴 때에 확인하고 확신하게 됩니다.

우리가 하나님께 대한 정당한 인식을 갖지 못한다면 우리는 이 말씀이 주는 큰 위로와 능력을 경험하지 못합니다. 그 어떤 세상의 도전과 악마의 간계를 만난다고 할지라도 우리 마음에서 '하늘에 계신 우리 아버지'를 부르는 순간 우리는 천상의 하나님을 만나게 됩니다. 그렇기에 '하늘에 계시는 우리 아버지'라고 부르는 자에게는 정당한 인식이 있어야 하고, 마음의 바른 위치와 차원이 나타나야 합니다.

또한 우리가 하나님을 아버지라고 부를 때에는 개인적으로 아버지에 대한 관계성과 경험을 근간으로 부르는 것이지만 '우리'라는 공동체로 부르고 있다는 사실도 유념해야 합니다. 즉, '우리 아버지'라고 부르고 있는 자들이 모두 형제임을 의미합니다. 하나님의 자녀로서 형제들이 함께 공동체를 이루고 있는 것이 바로 교회입니다. 그러므로 교회는 '하늘에 계신 우리 아버지'께로부터 유업을 받을 상속자로서 이 땅 위에 하나님의 통치를 드러내야 합니다.

하지만 많은 경우에 주기도문을 마음 자세를 갖추지 않고 형식적인 기도문으로 외우고 있습니다. 그로 인하여 심각한 문제에 빠지게 됩니다. 아무리 '하늘에 계시는 우리 아버지'라고 부른다고 하여도 우리 마음이 둔감해지고, 어두워집니다. 미련한 종교심 가운데 건성으로 지껄임으로 인하여 우리에게 주신 최고 무기가 무력해집니다. 그리하여 자칭 하나님 자녀들이라고 하면서도 하나님의 통치대권을 세상에 증거하는 일에 실패합니다. 이런 우리의 태도가 바로 하나님의 이름을 망령되이 일컫는 행위입니다. 그렇기에 세상이 하나님 이름을 모욕하고 멸시합니다.

; 하나님을 계시해 주셔야 알 수 있음

사실 우리는 자주 실패합니다. 하나님의 이름을 망령되이 일컫는 행위를 합니다. 그래서 그 다음 기도를 하게 됩니다.

^{마6:9下}이름이 거룩히 여김을 받으시오며

이는 '당신의 이름이 거룩히 여김을 받으시옵소서'라고 번역할 수 있습니다. 이 기도 내용을 좀 더 상세하게 살펴보겠습니다. 우선 '이름'에 대해서 생각해 보겠습니다. 하나님께서는 너무도 크신 분입니

다. 우리는 하나님을 온전히 알 수 없습니다. 인간은 자신의 힘으로는 도무지 하나님을 알 재주가 없습니다. 그래서 하나님께서는 당신을 '계시(啓示)' 하셔야만 우리가 알 수 있습니다. 이것이 '하나님의 이름'이 의미하는 바입니다.

이름을 부른다는 것은 알려졌다는 것입니다. 하나님께서 자신을 알리시면 거기서 하나님을 다 알게 되는 것이 아니라 부를 수 있는 이름을 알게 되는 것입니다. 성경은 이러한 성호를 통한 계시를 우리에게 여러 가지로 알려 줍니다.

아브라함이 이삭을 하나님께 바치려고 할 때에 이삭 대신에 제물을 예비하신 것을 보면서 '하나님은 참으로 내가 하는 것을 하나하나 다 보시고 관여하시고 필요를 준비해 주신다.' 하면서 '여호와 이레'라는 성호를 불렀습니다(창22:14). 소돔과 고모라에 살던 조카 롯과 성읍 사람들을 구하고 돌아오는 길에 멜기세덱을 만났을 때에 그가 아브라함을 축복하면서 지극히 높으신 하나님이라는 말을 썼을 때 '엘 엘욘'이라고 했습니다. 하나님께서 아브라함에게 '나는 전능한 하나님이다'라고 하실 때에는 '엘 샤다이'(창17:1)라고 하셨습니다. 이외에도 여러 가지 하나님의 행하심과 이름들이 있습니다.

이와 같이 하나님의 이름을 알아가면서 하나님을 차츰차츰 조금씩 구체적으로 알아가게 됩니다. 이렇게 시간 속에 주어진 여러 하나님의 이름들은, 하나님께서 우리가 알고 있는 것보다 훨씬 크신 분이라는 사실을 담고 있습니다. 우리가 알고 있는 수준의 하나님으로 머물러 계시는 것이 아니며, 성경에 그려진 정도에 갇혀 계신 분이 아닙니다. 하나님은 무한하신 분입니다. 우리가 하늘에서 하나님을 만나 뵙는다고 하여도 하나님에 대해서는 일부 밖에 알 길이 없습니다. 이것이 '하나님의 이름'이 나타내는 바입니다.

이 사실을 분명히 깨닫고 있는 구약 성도의 기도가 있습니다. 솔로몬이 성전을 건축하고 하나님께 올린 기도입니다. 열왕기상 8:27-29입니다.

왕상8:27하나님이 참으로 땅에 거하시리이까 하늘과 하늘들의 하늘이라도 주를 용납하지 못하겠거든 하물며 내가 건축한 이 성전이오리이까 28그러나 내 하나님 여호와여 주의 종의 기도와 간구를 돌아보시며 이 종이 오늘 주 앞에서 부르짖음과 비는 기도를 들으시옵소서 29주께서 전에 말씀하시기를 내 이름이 거기 있으리라 하신 곳 이 성전을 향하여 주의 눈이 주야로 보시오며 주의 종이 이 곳을 향하여 비는 기도를 들으시옵소서

하나님은 하늘에 거하십니다. 이 땅은 하나님을 감당할 수 없습니다. 하늘과 하늘들의 하늘이라도 감당할 수 없습니다. 그런데 인간이 건축한 성전에 하나님이 거하실 것이라고 생각한다는 것은 어리석음을 넘어서 매우 불경한 생각입니다. 하나님께서 '내 이름이 거기 있으리라' 하셨기에 하나님의 이름을 부르며 기도할 수 있을 뿐입니다. 그러면 하나님께서는 당신의 이름을 위하여, 당신의 이름이 거룩히 여김을 받으시기 위하여 이 기도를 들어주십니다.

; 그 하나님의 이름이

또한 '하나님의 이름'이란 우리에게 계시하여 당신을 알리신 하나님을 의미하고 있습니다. 다른 하나님이 아니고, 우리에게 계시하여서 그 이름을 알리신 하나님을 말하고 있습니다. 우리는 우리가 이름을 알고 있는 하나님, 우리에게 성경을 통하여 자신을 계시하심으로 이름을 알리신 하나님께 기도를 올려야 합니다. 하나님을 섬긴다고 하면서도 계시된 하나님이 아니라 내 맘대로 '하나님은 이럴 것이다' 내지는 '하나님은 이래야 해'라고 하는 식으로 생각하는 것이야말로 하나님의 이름을 망령되이 일컫는 행위입니다.

그렇기에 '이름'에 따라 나오는 말이 '거룩히 여김을 받으시오며'가 됩니다. '거룩'이란 구별됨입니다. 거룩은 단순한 구별이 아니라 하나님께서 가지시는 비류(比類)없는 전체의 속성을 종합적으로 표시하는 말입니다. 피조물이나 다른 신들과도 비교할 수 없는 구별성을 가진 전적타자이심을 의미합니다. 이것이 분명하게 드러나야 합니다. 세상 수많은 피조물과 신이라고 불리는 것들과 전혀 다른 분이라는 사실이 확고히 서 있어서 거룩히 여김을 받으셔야 합니다.

이때 우선 누구로부터 거룩히 여김을 받으시는가? 바로 우리가 하나님의 이름을 늘 거룩히 여겨야 한다는 말입니다. 하나님께서 거룩하신 분인 것을 안다면 그것으로 끝나는 것이 아닙니다. 도덕적 가치를 인식했다면 거기에 맞는 반응, 가치를 인식한 자의 반응을 표시해야 합니다. 하나님께서 거룩하신 분이라는 사실을 알았다면 우리도 그에 걸맞게 반응을 보여야합니다. 하나님의 거룩을 기억하여 좋아서 행해야 합니다. 거룩은 우리의 오염, 오욕, 부패를 점진적으로 제거해 나가는 사실이며, 또한 우리 속에 있는 그리스도적인 새 사람이 되어서 점점 장성해 나가는 것입니다.

결국 '이름이 거룩히 여김을 받으시오며'라는 기도는 '하나님은 다른 모든 피조물과 신이라 불리는 우상들과 구별되시는 거룩한 분이시며 자신을 계시하여 우리에게 이름을 알리신 분임을 기억하여 우리의 거룩함으로 하나님께 응답하고 드려야 하겠사오니 드리게 하여 주소서'라는 간구입니다. 이는 결과적으로 십계명의 '제1계명, 나 외에는 다른 신들을 네게 있게 말지니라. 제2계명, 새긴 우상을 만들지 말고 섬기지 말라. 제3계명 너희 하나님 여호와의 이름을 망령되이 일컫지 말라. 제4계명, 안식일을 기억하여 거룩히 지키라'는 명령들에 대한 인간의 응답입니다. 우리는 매일 하나님께 거룩히 여김을 이 기도로 드려야합니다.

; '이름이 거룩히 여김을 받으시옵소서'라고 기도하는 자

또한 '이름이 거룩히 여김을 받으시옵소서'라는 기도는 좀 더 구체적 상황 속에서 드리는 기도이기도 합니다. 위에서 보았던 열왕기상 8장의 내용을 좀 더 보겠습니다.

^{왕상8:44}주의 백성이 그들의 적국과 더불어 싸우고자 하여 주께서 보내신 길로 나갈 때에 그들이 주께서 택하신 성읍과 내가 주의

이름을 위하여 건축한 성전이 있는 쪽을 향하여 여호와께 기도하거든 ⁴⁵주는 하늘에서 그들의 기도와 간구를 들으시고 그들의 일을 돌아보옵소서

하나님의 이름을 위하여 건축한 성전을 향해 기도하면 그 이름이 거룩히 여김을 받도록, '세상 만민에게 여호와께서만 하나님이시고 그 외에는 없는 줄 알게'(60절) 하시길 원하면서 기도하는 것입니다. 다른 무엇보다도 하나님의 이름이 거룩히 여김을 받으시기 위해서 이렇게 하시길 기도하는 것입니다. 이러한 기도를 했던 구약을 보겠습니다. 이사야 36:18-20입니다.

^{사36:18}혹시 히스기야가 너희에게 이르기를 여호와께서 우리를 건지시리라 할지라도 꾀임을 받지 말라 열국의 신들 중에 그 땅을 앗수르 왕의 손에서 건진 자가 있느냐 ¹⁹하맛과 아르밧의 신들이 어디 있느냐 스발와임의 신들이 어디 있느냐 그들이 사마리아를 내 손에서 건졌느냐 ²⁰이 열방의 신들 중에 어떤 신이 그 나라를 내 손에서 건져내었기에 여호와가 능히 예루살렘을 내 손에서 건지겠느냐 하셨느니라

앗수르가 쳐들어와서 예루살렘이 포위되었습니다. 이때 앗수르의 랍사게가 와서 항복을 종용하는 장면입니다. 고대의 전쟁은 신들의 전쟁으로 이해되었습니다. 어느 나라가 어느 나라를 이겼다면 군사력으로 이겼다는 것과 함께 그 나라의 수호신의 승리로 이해되었습니다. 랍사게는 앗수르가 주변의 모든 나라를 이겼으므로 그 신들을

이긴 것으로 이해하고 있으며, 동시에 이 신들을 이긴 것처럼 여호와 하나님도 이길 것이라고 자신하고 모욕하고 있습니다.

이에 대해서 히스기야 왕은 무엇보다도 하나님의 이름이 더럽혀졌다는 사실에 주목하면서 하나님께서 그 이름을 위하여 역사하여 주시기를 간구합니다. 그리고 하나님께서는 이사야를 통하여 '너희의 들은바 앗수르 왕의 종들이 나를 능욕한 말을 인하여 두려워 말라 (이사야 37:6)'고 위로하시면서 이 기도에 응답해 주십니다.

이것이 바로 '이름이 거룩히 여김을 받으시옵소서'라는 기도의 한 유형이라고 할 수 있습니다. 이 세상이 하나님 나라를 공격할 때, 하나님께서 이름을 그 나라에 두셨음을 기억하고 이것에 근거하여 이 기도를 올리는 것입니다. 오늘날에는 하나님께서 그 이름을 교회에 두셨습니다. 그러므로 교회가 세상의 힘들로부터 그 거룩성을 공격받을 때에 우리는 이 기도를 올려야 합니다. 한 장면만 더 보겠습니다. 다윗이 골리앗과 싸우는 장면입니다.

^{삼상17:45}다윗이 블레셋 사람에게 이르되 너는 칼과 창과 단창으로 내게 오거니와 나는 만군의 여호와의 이름 곧 네가 모욕하는 이스라엘 군대의 하나님의 이름으로 네게 가노라 ⁴⁶오늘 여호와께서 너를 내 손에 붙이시리니 내가 너를 쳐서 네 머리를 베고 블레셋 군대의 시체로 오늘날 공중의 새와 땅의 들짐승에게 주어 온 땅으로 이스라엘에 하나님이 계신 줄 알게 하겠고 ⁴⁷또 여호와의 구원하심이 칼과 창에 있지 아니함을 이 무리로 알게 하리라 전쟁은

여호와께 속한 것인즉 그가 너희를 우리 손에 붙이시리라

　이것이 바로 '하나님의 이름이 거룩히 여김을 받아야 하겠습니다.' 하는 심정을 가진 자의 행동입니다. 하나님의 이름이 모욕을 당하는 것으로 인해 눈에서 불이 나오는 것입니다. 하나님 나라가 짓밟히는 것에 의분(義憤)을 가지고 일어섭니다. 이런 심정과 행동이 우리에게도 나타나야 합니다.

　그렇다고 누가 하나님을 욕하고 교회를 욕하면 나가서 주먹다짐을 하라는 말씀이 아닙니다. 그렇게 천박하고 유치한 수준의 이야기를 하는 것이 아닙니다. 지금 구약의 하나님 나라가 실제로 위태한 지경에 빠져 있습니다. 적의 장수가 하나님을 욕하는 것 자체가 문제가 아닙니다. 그 모욕적 언사가 지금 전쟁의 승패를 통하여 실제적인 모욕이 되기도 하고 그저 호기로운 허튼 소리를 했다가 벌을 받은 것이 되기도 합니다. 하나님 나라에 대한 실제적 위협과 모욕입니다.

　유치한 수준에서 행동해선 안 되지만 하나님 나라와 교회에 이런 실제적 위협과 모욕이 오는데도 가만히 있는 다면 하나님 나라 백성이 아닙니다. '하나님의 이름이 거룩히 여김을 받으셔야겠습니다.' 라는 기도를 올리는 자의 모습이 아닙니다. 히스기야처럼 의분을 가져야 하며, 다윗처럼 담대한 믿음을 가지고 맞서서 싸울 수 있어야 합니다.

　이런 의분을 가지고 담대히 맞서 싸우려 할 때에라도 주의해야 할 것이 있습니다. 이런 심상과 행동은 오직 하나님의 영광을 위한 것이어야 한다는 것입니다. 내 유익을 위하는 것을 교묘히 포장하는 것이어서는 안 됩니다. 우리는 자신의 원수를 물리치기 위하여 하나님을 이용하려는 행동을 하곤 합니다. 진정으로 하나님의 이름이 거룩히 여김을 받아야 합니다. 거기에 내가 끼어서 영광을 받고 유익을 얻어야겠다는 생각을 해서는 안 됩니다.

우리는 '하늘에 계신 우리 아버지'라는 구절과 '이름이 거룩히 여김을 받으시오며'라는 구절의 의미를 어느 정도 파악하였습니다. 그렇기에 앞으로 주기도문으로 기도를 올리면서 이 구절들을 말할 때에는 이런 인식이 있어야 합니다. 그 뿐 아니라 우리가 주기도문을 하면서 점점 이 구절들의 의미가 깊어지고 풍성해져 나가야 합니다. 그렇지 않으면 우리의 주기도는 화석화 되어 있는 유물에 불과하며 주기도문을 통해서 바른 기도에 도달하는 것이 아니라 주기도문으로 중언부언하게 됩니다.

8 주기도문 (4)

– 하나님 나라 임재의 '이미와 아직'

마태복음 6:9-13

----

^{9}그러므로 너희는 이렇게 기도하라 하늘에 계신 우리 아버지여 이름이 거룩히 여김을 받으시오며 ^{10}나라이 임하옵시며 뜻이 하늘에서 이룬 것같이 땅에서도 이루어지이다 ^{11}오늘날 우리에게 일용할 양식을 주옵시고 ^{12}우리가 우리에게 죄 지은 자를 사하여 준 것같이 우리 죄를 사하여 주옵시고 ^{13}우리를 시험에 들게 하지 마옵시고 다만 악에서 구하옵소서(나라와 권세와 영광이 아버지께 영원히 있사옵나이다 아멘)

　우리는 매일, 매주 주기도문을 통하여 기도합니다. 개신교가 가진 유일한 기도문입니다. 예수님께서 직접 가르치신 기도이기에 이 기도문은 우리를 신앙의 본좌로 인도합니다. 하지만 동시에 우리는 이 기도문을 통하여 예수님께서 바로 잡으려고 하셨던 중언부언의 위험에 다시 들어갈 위험이 있습니다. 주기도문이 가지고 있는 원래 의미의 인식을 갖지 못한다면 필연적으로 중언부언하며 외식하는 기도를 하게 됩니다. 그렇기에 주기도문에 대한 이해를 도모하는 일은 대단히 중요합니다.

　또한 이렇게 하여 얻게 된 바른 인식을 내면화 하여 깊어지도록 힘을 써야만 주기도문을 통하여 주고자 하셨던 풍성한 은혜를 누릴 수 있습니다. 내면화가 잘 안되면 깊이 연구하고 통째로 외워서라도 우리 인식을 끌어 올려야 합니다.

　'하늘에 계신 우리 아버지'라는 구절을 통해서 우리는 초월과 내재의 하나님을 동시에 고백하고 있다고 했습니다. 그렇기에 하나님을 바르게 알아가려면 이 두 가지 측면에서 이해를 도모해야만 합니다. 전 우주적 신으로서 만물을 창조하시고 만물 위에 계시는 하나님이시지만, 그 뿐 아니라 그 하나님께서 이 세상에 계시하시고 개입하실 때에는 '우리 아버지'로서 들어오신다는 사실을 동시에 알아야 하나님을 바르게 이해하는 것입니다.

또한 하나님 자녀로서 아버지께 느끼게 되는 정서를 갖게 될 뿐 아니라, 그 아버지가 하늘 아버지이시기에 우주 만물의 통치 대권과 그 유업을 이어 갈 자로서의 인식이 수반되어야 합니다. 그리고 '우리'라는 말로써 홀로 서 있는 자들이 아니라 형제로 존재하고 있으며 이는 교회를 의미한다는 사실도 살펴보았습니다.

'이름이 거룩히 여김을 받으시오며'라는 구절은 '당신의 이름이 거룩히 여김을 받으시기를 원합니다.'라는 기도입니다. 하나님은 광대하시기에 당신께서 보여주신 부분만 알 수 있습니다. 인간이 하나님을 감당할 수 없기 때문입니다. 담으려고 하면 깨집니다. 그렇기에 인간이 감당할 만큼만 계시하십니다. 이렇게 보여주신 부분이 바로 '이름'입니다.

우리는 이 구절을 말하면서 '나는 계시하신 하나님을 거룩히 여기고 있는데 남들이 그렇지 못합니다.'라는 심정을 갖고 시작하는 것이 아닙니다. 나로 인하여 더럽혀질 가능성이 농후함으로 인하여 드리는 기도입니다. 즉, 하나님의 이름을 망령되이 일컫게 될 가능성은 오히려 하나님의 이름을 아는 우리에게서 더 높다는 사실로 인하여 이 기도를 드립니다. 이 땅에서 언제나 하나님에 대한 경외가 있어야겠다는 심정을 담는 것입니다.

; 하나님 나라의 통치 대권

이 기도를 드린 자는 기도하는 사람의 모습이 나타나야 합니다. 좀 더 구체적 소원을 가지게 되고 열정을 가지고 투신하게 됩니다. 그런 자로서 드리게 되는 다음 기도 구절이 바로 '나라이 임하옵시며' 입니다.

^{마6:10上}나라이 임하옵시며

이는 '당신의 나라가 임하시기를 소원합니다.'라는 기도입니다. 이는 하나님 나라가 사회적 양태로 드러나기를 소원하며 드리는 기도입니다. 하나님 나라란 하나님께서 통치 대권을 가지신 나라를 말합니다. 하나님께서 왕이신 나라를 말합니다. 이 나라의 현재 실질상 통치자는 예수 그리스도이십니다.

하나님 나라는 삼위 하나님께서 통치 대권을 가지신 나라입니다. 그런데 성자께서 성육신 하신 독특성을 가지고 대속의 사역을 통하여 순종의 공로를 인정받으셔서 삼위 하나님으로부터 이 나라의 대권을 공개적으로 받으셨습니다. 그러하기에 지금의 하나님 나라의 왕은 예수 그리스도십니다. 예수 그리스도는 100% 신이시며, 100% 인간이신 신인이시기에 중보자적 왕이십니다. 예수 그리스도께서 중보자적 왕권을 가지고 구원의 역사를 완성하시는 날에 이 왕권을 다시 삼위 하나님 앞에 돌려 드립니다.

예수 그리스도께서는 하나님 나라의 대권을 받으셨는데, 그 왕국의 성격을 살펴보면 '은혜의 왕국 통치'와 '권능의 왕국 통치'로 구별됩니다. 은혜의 왕국은 하나님 백성들의 구원이라는 영적 목적에 직접적이며 즉각적으로 연결되어 있습니다. 이 통치는 신자들 심령과 생활 속에서 드러나게 됩니다.

이때에 통치는 폭력이나 외부적 힘의 수단에 의하여 시행되지 않고 진리, 지혜, 공의, 거룩, 은혜, 자비의 영이신 성령님에 의해 이루어집니다. 권능의 왕국은 전 우주적 통치입니다. 역사를 주관하사 역사 안에서 공의를 실현하시며 동시에 악인과 선인에게 동일한 은혜를 베푸십니다. 이 권능의 왕국의 통치는 만유에 섭리적이고, 사법적으로 이루어집니다.

예수 그리스도께서 이 두 왕국의 대권을 모두 가지신 이유는 이 두 왕국의 통치가 깊은 관련이 있기 때문입니다. 예수 그리스도께서 은혜의 왕국의 왕으로서 당신의 백성들의 구원을 위하여 직무를 수행하실 때에 모든 적대 세력들로부터 이 왕국을 보호하시고 백성을 보호하시며 모든 대적들을 멸하셔야 합니다. 그런데 만일 그가 세상을 통제하실 수 없다면 세상은 쉽사리 그의 모든 노력을 좌절시킬 것입니다. 그의 백성들을 넘어뜨릴 것입니다.

그러므로 삼위 하나님께서는 예수 그리스도께 세상을 다스릴 권세 즉, '권능의 왕국'의 왕의 직분을 주셨습니다. 이로 인하여 예수 그리스도께서는 그의 백성들을 위한 안전한 교두보를 확보하고 일체

흑암의 세력들에 대항하여 그들을 보호하실 수 있습니다. 그러므로 우리는 예수 그리스도께서 은혜 왕국의 통치를 원조하기 위하여 권능 왕국 대권을 받으셨다고 말할 수 있습니다.

; 하나님 나라의 '이미 와 아직 아니'

이러한 하나님 나라가 임하기를 소원하는 기도가 '나라이 임하옵시며'입니다. 그리고 이것은 하나님 나라가 하늘에만 머물러 있지 않고 이 세상에 임하여서 현실 속에 사회적 양태로서 드러나기를 소원하는 기도입니다.

이런 일이 온전히 이루어지려면 예수 그리스도께서 재림함으로 새 하늘과 새 땅이 일어나야 합니다. 이 기도는 이러한 소원을 아뢰는 기도입니다. 종말론적 소원을 가지고 "주 예수여 어서 오시옵소서"라고 부르짖는 기도입니다.

하지만 그것만 있는 것은 아닙니다. '나라이 임하옵시며'라는 기도 안에는 재림에 대한 소원만 들어 있지 않습니다. 예수님께서 재림 이전인 지금 여기에라도 하나님의 나라가 사회적 양태로 드러나는 일이 있기를 바라고 원하는 측면을 가집니다.

우리는 이 두 가지 모두를 소원하고 두 가지 모두를 기도하고 있습니다. 그리고 하나님 나라는 두 가지 모두를 이루어가고 있습니다. 이를 하나님 나라의 '이미 와 아직 아니'라고 표현합니다. 하나님 나라의 현존성을 '이미'라고 하고, 미래에 예수님께서 재림하셨을 때 완성될 하나님 나라를 '아직 아니'라고 하는 것입니다.

일반적으로 하나님 나라라고 하면 '아직 아니'의 측면에서만 이야기 되는 경우가 많습니다. 미래의 나라만 전부인 것처럼 인식되기 때문에 예수님은 현재 우리의 왕이시지만 아무것도 해줄 수 없는 왕이시며, 몰래 신자들 개인적 소원이나 들어주러 다니시는 분 정도로만 활동하시며 이 세상의 실질적 힘과 능력은 사탄이 가지고 있는 것처럼 생각하기 쉽습니다.

그러다보면 신자들은 자칫 세상을 망해야 하는 곳으로 인식하게 됩니다. 그리고 이 세상이란 어떻게 하든지 예수님 오실 때까지는 하는 수 없이 견뎌야만 하는 곳처럼 여기며 할 수 있는 대로 세상에 관여하지 않는 것이 최선인 것처럼 됩니다.

하지만 하나님 나라는 '이미' 임했습니다. 그렇기에 '이미'의 측면을 생각해야 합니다. 그리스도인들이 하나님 나라 백성으로 산다고 할 때에 이 '이미' 임한 하나님 나라 백성으로서 자태를 드러내는 것입니다. 그리고 이런 자들이 나타내는 사회적 양태가 세상에 하나님 나라를 증시합니다. 그렇기에 우리는 여기서 '이미' 임한 하나님 나라의 사회적 양태에 대해서 정리해 보겠습니다.

; 이미 임한 하나님 나라의 사회적 양태

1. 비밀스럽게 임한 하나님 나라

^{막4:26}또 가라사대 하나님의 나라는 사람이 씨를 땅에 뿌림과 같으니 ²⁷저가 밤낮 자고 깨고 하는 중에 씨가 나서 자라되 그 어떻게 된 것을 알지 못하느니라

2000년 전에 중동의 아주 작은 나라에서 그것도 아주 촌구석에서 한 아기가 태어났다가 30여세의 짧은 인생을 살았습니다. 그는 한 때 많은 사람들의 인기를 얻는데 성공했으나 죽을 때는 자신이 제자로 임명한 자들조차 돌아섰습니다. 그는 힘없이 조롱 가운데 십자가에서 죽었습니다.

그 청년의 죽음이 인류 역사에 이처럼 큰 영향을 미칠 것이라고 그 누구도 생각하지 못했습니다. 그가 하나님 나라의 씨앗입니다. 하나님 나라는 이처럼 땅에 뿌려진 씨처럼 아무도 모르는 사이에 뿌리를 내리고 자라나서 실존하게 되었습니다.

2. 하나님 나라의 확장

^{막4:30-32}또 가라사대 우리가 하나님의 나라를 어떻게 비하며 또 무슨 비유로 나타낼고 겨자씨 한 알과 같으니 땅에 심길 때에는 땅위의 모든 씨보다 작은 것이로되 심긴 후에는 자라서 모든 나물

보다 커지며 큰 가지를 내니 공중의 새들이 그 그늘에 깃들일 만큼 되느니라

　하나님 나라는 잘 보이지도 않는 겨자씨 만큼 작은 상태에서 시작하지만 종국에 가서는 큰 실체를 갖게 될 만큼 확장될 것입니다. 사회적 양태로서의 하나님 나라는 아주 미미한 영향력으로 시작하지만 나중에는 대단히 큰 영향력을 가지게 될 것을 말씀하고 있습니다.

3. 하나님 나라의 비물질성

　롬14:17하나님의 나라는 먹는 것과 마시는 것이 아니요 오직 성령 안에서 의와 평강과 희락이라 눅17:21또 여기 있다 저기 있다고도 못하리니 하나님의 나라는 너희 안에 있느니라

　하나님 나라에 대해서 물질적인 것이 아니고 의와 평강과 희락이라는 심상과 관련된 용어로 표현하고 있습니다. 또 사람들 속에 있다고도 하셨습니다. 그러므로 하나님 나라는 물질적 차원이 아니라 사람들 심상에 임하는 것임을 알 수 있습니다.

　그런데 사람들은 마음문제라고 하면 비실제적인 것인 것처럼 생각하기 쉽습니다. 하지만 인간의 마음은 생명의 중심입니다. 육신과 마음이 떨어져 있지 않습니다. 인간의 심정에 먼저 하나님 나라가 임하면, 사람들이 모였을 때 거기에 하나님 나라라는 거룩한 실제가 존재합니다.

4. 실제적이며 실존적인 하나님 나라

요18:37빌라도가 가로되 그러면 네가 왕이 아니냐 예수께서 대답하시되 네 말과 같이 내가 왕이니라 내가 이를 위하여 났으며 이를 위하여 세상에 왔나니 곧 진리에 대하여 증거하려 함이로다 무릇 진리에 속한 자는 내 소리를 듣느니라 하신대

이스라엘이 로마의 통치 아래 있는 상황에서 어떤 이가 왕이라고 주장한다면 반란으로 규정되어 죽는 것이 당연합니다. 예수님께서 "내가 왕이다"라고 하셨으니 죽임을 당할 수밖에 없습니다. 그렇기에 예수님의 죄명은 공식적으로 '유대인의 왕'입니다. 다만 예수님께서는 자신의 나라가 이 세상에 속하지 않았기 때문에 로마와 영토를 두고 패권을 다투는 관계가 아니라는 사실을 변호하셨을 뿐입니다. 또한 로마는 무력으로 사람들을 복속시키지만 하나님 나라는 진리로 복속시킨다는 것이 다릅니다.

이런 면들에서는 다르지만 하나님 나라도 왕이 있고, 왕의 통치를 받는 '그 나라의 백성들'이 존재한다는 측면에서는 분명히 실재적인 나라입니다. 그리고 이 나라는 그 백성들의 활동을 통하여 너무도 실제적이며 실존적 나라임이 드러나게 됩니다.

로마 시대에 신앙의 선배들께서 핍박을 당하고 순교하게 된 이유도 이와 동일합니다. 로마 제국에 반역하여서 다른 왕과 다른 제국을 섬긴다는 이유 때문에 죽었습니다. 세상 나라가 하나님 나라를

경쟁 관계로 오해하여 핍박하고 죽인다면 그 오해를 풀고자 노력을 하겠지만 예수님의 왕 되심과 하나님 나라에 대한 고백에서는 한 발짝도 물러서지 않고 죽음을 택해야 합니다.

5. 우리는 이 나라를 얼마나 실제적으로 드러내야 하는가?

마7:21 나더러 주여주여 하는 자마다 천국에 다 들어갈 것이 아니요 다만 하늘에 계신 내 아버지의 뜻대로 행하는 자라야 들어가리라

세상 나라가 하나님 나라를 경쟁상대로 생각할 만큼 그리스도인들에게 하나님 나라는 실제적인 나라입니다. 그리스도인들은 세상에 살고 있으면서도 세상 나라의 통치를 따르지 않고 하나님 나라의 왕이신 예수 그리스도의 통치를 받습니다. 다만 하나님 나라의 성문법으로써의 성경이 세상 나라의 권세와 법을 준수할 것을 권장하고 있고, 또한 세상 속에 존재하도록 요구하심을 이루기 위하여 할 수 있으면 세상의 법과 질서를 지키려고 노력하는 것입니다. 이런 인식이 분명해야 합니다. 그리고 그 인식에 근거한 행위가 나타나야 합니다.

좀 더 구체적으로 설명해 보겠습니다. 지금 한반도 휴전선 남쪽에 살고 있는 대다수가 자신을 대한민국의 국민이라고 인식하며 정부의 통치 아래 있다고 인식합니다. 그렇다고 그리스도인들도 이와 동일한 인식을 가지고 있으면 안 됩니다. 우리의 통치자는 왕이신 예수 그리스도시고, 우리나라는 대한민국이 아니라 하나님 나라입니다.

그렇기에 우리는 이 땅에서 외국인 노동자와 비슷합니다. 다만 대한민국이라는 나라가 하나님 나라에 대해서 일종의 '종교'라고 분류하고 '종교의 자유'라는 형태로 독특한 외교를 맺고 있기 때문에 이 땅에서 겉으로는 대한민국 국민들과 별반 다르지 않은 삶을 살고 있을 뿐입니다. 별반 다르지 않다고 해서 동일한 국민이라고 생각해선 안 됩니다.

이런 인식도 없이 말로만 '예수님은 왕이십니다.'라고만 해선 안 됩니다. 이것은 자신이 무슨 말을 하고 있는지도 모르고 어른들 노래를 따라 부르는 어린아이와 같은 태도입니다. 멋져 보이고 흥겨워 보이기에 따라 부르고 있기는 하지만 사실 무슨 의미인지 제대로 알지 못하고 하는 말일 뿐입니다. 이런 태도만 지속한다면 '주여, 주여 하는 자마다 천국에 들어가지 못하는 것'과 같이 하나님 나라에 들어가지 못한다고 경고하셨습니다.

; 나가면서

이상으로 하나님 나라의 현존성과 그 사회적 양태에 대해서 서술했습니다. 그리스도인들은 자신을 하나님 나라 백성이라고 부릅니다. 예수님을 왕이라고 노래합니다. 이 사실이 오늘 현저하게 나타나지 않는다면 이러한 고백들이 모두 공허한 말에 불과하게 됩니다. 하나님 나라란 그저 동화 속에 나오는 이상향에 불과하며, 예수님께서 왕이라고 하는 사실도 무시당합니다.

그리스도인들은 '나라이 임하옵시며'라고 기도하면서 오늘 이 세상 앞에 하나님 나라의 현존을 드러내야 할 책임을 지고 있습니다. 예수님께서 왕으로서 통치 대권을 실행하고 계시다는 사실이 우리로 인하여 나타나야 합니다. 저와 여러분이 '나라이 임하옵소서'라는 기도를 드린 자로서 입으로만이 아니라 진정으로 충성된 모습을 가져야겠습니다.

9 주기도문 (5)

– 자유를 드림

마태복음 6:9-13

----

9 그러므로 너희는 이렇게 기도하라 하늘에 계신 우리 아버지여 이름이 거
룩히 여김을 받으시오며 10 나라이 임하옵시며 뜻이 하늘에서 이룬 것같이
땅에서도 이루어지이다 11 오늘날 우리에게 일용할 양식을 주옵시고 12 우
리가 우리에게 죄 지은 자를 사하여 준 것같이 우리 죄를 사하여 주옵시
고 13 우리를 시험에 들게 하지 마옵시고 다만 악에서 구하옵소서(나라와
권세와 영광이 아버지께 영원히 있사옵나이다 아멘)

　우리는 주기도를 통하여 기도를 올릴 때에 하늘에 계시는 분이면서 동시에 우리에게 아버지가 되시는 하나님께 기도합니다. 이것이 '하늘에 계신 우리 아버지'라는 구절에 포함하고 있는 내용입니다. 또 우리 기도의 소원은 무엇보다도 먼저 우리로 인하여 하나님의 이름이 더럽혀지지 않을 뿐 아니라 온 세상이 하나님에 대하여 경외가 있어야겠다는 심정을 '이름이 거룩히 여김을 받으시오며'라고 표현합니다.

　또한 '나라이 임하옵시며'라는 기도를 통해서 하나님 나라가 속히 임하여 이 땅에 하나님의 통치가 실현되기를 소원하는 마음을 나타냅니다. 하나님 나라 백성이라면 당연히 가지게 되는 심상입니다. 하지만 그 나라가 속히 임하시기만을 바라는 기도는 아닙니다. 예수 그리스도께서 가져오신 하나님 나라의 현존성을 우리가 온전히 드러낼 수 있기를 소원함이 더 큰 기도가 바로 '나라이 임하옵소서'입니다. 아직 사탄의 권세에 복종하고 사는 사람들 앞에 하나님 통치의 실현이 주는 복된 삶을 증시하여 하나님 나라가 증거 될 수 있기를 구하는 것입니다.

　예수님께서는 중언부언하지 않고 바른 기도를 할 수 있도록 이 기도를 가르치셨습니다. 그런데 어린아이들이 암송하듯이 뜻도 제대로 모르고 본의를 깊이 생각지 않고 기도문으로 쓴다면 다시 중언부언하는 것이 됩니다. 어떤 이들은 더 심각히 주기도문을 무슨 죄를 깎아내리고 복을 받게 하는 주문인 것처럼 그 내용에는 전혀 관여하지 않고 몇 십번, 몇 백번씩 숫자를 헤아려 가면서 외우기도 합니다. 이것은 주술이지 신앙이 아닙니다. 신앙은 인격적입니다.

하나님은 인격자이십니다. 기도는 인격자와 대면하여 서서 아뢰는 말씀입니다. 이런 구도에서 벗어나면 기도가 아니라 주문이 됩니다. 또 하나님을 어리석은 늙은 통치자로 생각하면서 번지르르한 말을 반복적으로 해서 설득해야겠다고 생각하면 중언부언하게 됩니다.

그렇기에 우리는 주기도문을 통하여 어떤 심상을 가지고 하나님 앞에 기도해 나가는 것이 바른 태도인지를 배워야겠습니다. 이 일을 위하여 힘을 기울이는 가운데 오늘은 '뜻이 하늘에서 이룬 것 같이 땅에서도 이루어지리이다'에 대해서 연구해 보겠습니다.

; 당신의 뜻을 이루시옵소서

'뜻이 하늘에서 이룬 것 같이 땅에서도 이루어지이다'라는 기도는 결론을 먼저 드리자면 결국 '당신의 뜻을 이루시옵소서'라는 기도입니다. 그런데 이 기도를 대면하면서 '이런 기도를 내가 드려도 되겠는가?'라는 의문을 갖게 됩니다. 내가 뭐 대단한 존재라고 절대 주권자의 광대한 통치 대권의 행사 앞에 이러저러한 말씀을 드릴 권리를 가질 수 있나! 하는 생각이 듭니다. 하지만 예수님께서는 이 기도를 하라고 하셨기에 우리는 '못하겠습니다.'라고 할 것이 아니라 더 깊은 생각을 필요로 하게합니다.

하나님께서는 절대적 주재자이시기에 누가 감히 '하나님의 뜻을 이루십시오, 마십시오'하고 간섭할 권리가 없음에도 불구하고 예수님께서 이러한 기도를 하도록 하신 것은 우리가 하나님 아버지의 자녀가 됐기 때문입니다. 예수님은 하나님의 아들이십니다. 그분 안에서 우리도 하나님 아들로 양자가 되었습니다. 그로 인하여 절대 주재자이신 하나님 앞에 이러저러한 말씀을 드릴 수 있게 되었습니다.

하지만 이때에라도 하나님의 통치가 공적이며 공의로운 것이기에 여전히 우리가 이러저러한 기도를 한다는 것은 불의함이 됩니다. 만일 왕이 자신의 아들에게만 법을 굽히거나 제외시킨다면 그 왕은 공의롭고 공평한 왕이 아닙니다. 불의한 왕입니다. 그렇기에 우리가 하나님의 아들이 되었다는 사실만으로 하나님 앞에 '하십시오, 마십시오.'라는 말을 할 수 없습니다.

그럼에도 불구하고 우리가 '당신의 뜻을 이루시옵소서.'라는 기도를 할 수 있는 이유는 그 뜻이 하나님의 통치 대권으로서 공적이며 공의로우신 것이면서, 동시에 나, 그리고 우리와 밀접한 관계를 가지고 있기 때문입니다. 즉, 하나님의 뜻은 이 세상을 통치하시는 통치의 기준과 목적이 나와 우리를 향해 있기 때문에 우리가 하나님 앞에 '이루시옵소서.'라고 기도할 수 있는 자격을 얻게 된 것입니다.

; 나의 원대로 마옵소서

또한 이 기도는 하나님께서 나 자신에게 이루시고자 하는 내용을 나의 자유의지로 승인하는 것입니다. 내 자유의지는 전적으로 내게 주어져 있습니다. 내 마음대로입니다. 내 마음대로인 내 자유의지를 가지고서 '당신의 뜻을 이루시옵소서'라고 하나님께 드리는 기도입니다. 이는 자유의지를 박탈당하는 것과 비슷한 양태로 나타나겠지만, 오히려 그것이 나에게 유익임을 믿기에 기꺼이 내 자유의지를 사용하여 내 자유의지를 버리고 하나님의 뜻을 내 안에 맞이하고자 함입니다.

바로 예수님께서 하신 기도의 모습입니다. 마가복음 14:34-36을 보겠습니다.

막14:34말씀하시되 내 마음이 심히 고민하여 죽게 되었으니 너희는 여기 머물러 깨어 있으라 하시고 35조금 나아가사 땅에 엎드리어 될 수 있는 대로 이때가 자기에게서 지나가기를 구하여 36가라사대 아바 아버지여 아버지께는 모든 것이 가능하오니 이 잔을 내게서 옮기시옵소서 그러나 나의 원대로 마옵시고 아버지의 원대로 하옵소서 하시고

예수님께서도 고난의 십자가를 지시기 전에 이러한 기도를 올리셨습니다. 창세에 하나님께서 주셨던 자유를 이제 다시 하나님께 돌려드리는 것입니다. 사탄은 하나님께서 우리에게 주신 자유의지를 이용하여 하나님을 폐위시키려고 했습니다. 그런데 우리가 이처럼 우

리 자유를 하나님께 돌려드리면 사탄의 계략으로부터 벗어날 수 있습니다. 동시에 하나님께서는 드디어 사랑의 관계를 완성하시면서 다시 자유롭게 자신의 뜻을 이루실 수 있습니다. 그 뜻이 바로 우리를 사랑하심이기 때문에 이 순환 장치는 사탄의 공격을 물리치며 우리를 하나님과의 깊은 교제로 나가게 합니다.

우리의 기도는 하나님을 강제해서는 안 됩니다. 기도를 내 뜻을 이루기 위한 도구로 사용해서는 안 됩니다. 그 순간 하나님을 도구로 사용하겠다는 욕망을 드러내는 것입니다.

그런데 어떤 이들은 이런 욕망을 버리기 보다는 분칠을 함으로써 교묘히 감춥니다. 이러한 거짓말의 실존적 무서움은 그 말이 남을 속이는 것으로 끝나지 않고 자신을 속인다는데 있습니다. 나중에는 자기도 자신의 거짓말을 믿어버립니다. 자기도 자신의 마음을 알 수 없어집니다. 그리하여 내 뜻과 하나님의 뜻을 구분할 능력이 없어지고, 자신의 뜻을 하나님의 뜻처럼 인식하면서 열심을 냅니다.

요16:2사람들이 너희를 출회할 뿐 아니라 때가 이르면 무릇 너희를 죽이는 자가 생각하기를 이것이 하나님을 섬기는 예라 하리라

하나님을 섬기는 바른 태도라고 하면서 예수 믿는 사람들을 핍박합니다. 그 대표적 사람이 바로 사도 바울 입니다. 사도 바울은 예수 믿는 사람들을 핍박하고 죽이는 것이 하나님을 믿는 자로서의 바른 태도이며 모범이라고 생각했습니다. 그래서 스데반 집사를 죽일 때에 책임자 노릇을 하였고 더 열심을 내서 예수 믿는 자들을 잡으려고 멀리 다메섹으로 가던 중이었습니다. 그러다가 예수님을 만나 뵙고서야 비로소 자신이 하나님을 거스르고 있음을 알게 되었습니다.

많은 이들이 사도 바울과 같은 실수를 합니다. 하나님의 뜻을 추구해 나가는 것이 아니라 자신과 자신이 속해 있는 조직의 논리를 그대로 따르면서 조직 논리를 따르는 것이 하나님을 따르는 것이고 하나님 뜻을 행하는 것이라는 괴변을 늘어놓습니다. 그리곤 그것을 믿어버립니다. 이스라엘 백성들이 예수님을 죽이게 된 이유도 이와 동일합니다.

내 뜻과 하나님 뜻은 다릅니다. 예수님조차도 자신의 뜻과 하나님 뜻이 다름을 인정하셨습니다. 그리고 하나님 뜻이 이루어지기를 소원하셨습니다. 우리도 늘 내 뜻과 하나님 뜻이 어떻게 다른지 확인해야합니다. 어설픈 신앙으로 자신의 뜻이 곧 하나님 뜻일 것이라고 확신에 차 있으면 결국 바울이나 이스라엘 백성들과 같은 확신범이 될 수 있습니다. 예수님을 죽이고 예수님을 진정으로 믿는 자를 죽이는 행위를 하게 됩니다.

; 뜻이 하늘에서 이룬 것 같이

이 구절의 결론적 이야기를 먼저 드렸는데, 이번에는 그 앞에 '뜻이 하늘에서 이룬 것 같이'가 의미하는 바를 살펴보겠습니다. 이 구절을 다시 한 번 보면 나를 통하여 하나님 뜻이 땅에서 이루어지기를 소원하는데 그것이 하늘에서와 같기를 원하고 있습니다.

성경엔 '하늘'이 세 가지 의미로 쓰였습니다. 공간으로의 공중을 의미하고, 우주를 의미하기도 합니다. 그리고 사도 바울은 '삼층천'이라는 용어로 하나님께서 거하시는 영적장소를 의미하기도 하였습니다. 이 중에서 오늘 본문과 관련된 하늘은 삼층천을 의미합니다.

하나님께서 하늘에 거하시는데 거기서 하나님 뜻을 발하십니다. 그러면 하늘에서 하나님 뜻이 이루어집니다. 이 때 천상적 존재들이 있어서 하나님 뜻을 받들어 수행합니다. 이 천상적 존재들에 대한 성경의 진술을 보겠습니다.

사6:1웃시야 왕의 죽던 해에 내가 본즉 주께서 높이 들린 보좌에 앉으셨는데 그 옷자락은 성전에 가득하였고 2스랍들은 모셔 섰는데 각기 여섯 날개가 있어 그 둘로는 그 얼굴을 가리었고 그 둘로는 그 발을 가리었고 그 둘로는 날며

단9:21곧 내가 말하여 기도할 때에 이전 이상 중에 본 그 사람 가브리엘이 빨리 날아서 저녁 제사를 드릴 때 즈음에 내게 이르더니

고대사회에서 환상이나 벽화에서 날개는 어디든지 신속히 갈 수 있음을 의미합니다. 그런데 날개가 보통은 두 개로 그려집니다. 아주 뛰어난 능력을 가졌음을 표시할 경우에는 네 개로 나타납니다. 여기서는 날개가 여섯입니다. 대단히 능력이 높고 신속한 존재들이라는 사실을 의미합니다. 이들은 하나님 명령을 받으면 지체하거나 흔들림이 없이 신속하고도 정확하게 일을 수행합니다.

'뜻이 하늘에서 이룬 것 같이'란 바로 이와 같은 상황을 말합니다. 하늘에서 이런 천상적 존재들이 하나님 뜻을 받들어서 거스름 없이 신속하고 정확하게 그 뜻을 이루는 것과 같이 하나님 뜻이 이 땅에서도 이루어지기를 소원하는 기도입니다. 하나님 뜻을 하늘에서는 천상적 존재들이 수행하듯이 땅에서는 우리가 수행해야 합니다. 결국 우리가 충성을 다하겠다는 각오가 전제된 기도입니다.

; 왕이시여! 승리하소서

잘 이해가 되지 않을 수 있습니다. 이렇게 생각해보십시오. 영화를 보다 보면 왕정시대에 왕들이 전쟁에 나가면 군사들이 도열하여 함성을 지릅니다. 그런 가운데 왕께 "속히 전쟁에 나가서 승리하소서!"라고 용맹스럽게 외칩니다.

이 말을 왕 혼자 나가서 전쟁을 해야 한다는 의미로 이해하는 사람은 없습니다. 전투는 자신들이 치르는 것이지만 왕의 이름으로 나가서 싸우는 것이기에 그리 외칩니다. 자신들이 왕의 수족이기에 자신들이 싸우는 것이 곧 왕이 싸우는 것이며 자신들의 승리가 왕의 승리입니다.

이것이 바로 '뜻이 하늘에서 이룬 것 같이 땅에서도 이루어지리이다'라는 기도를 하는 자가 가져야 할 인식입니다. 하나님께 자신을 봉헌한다는 확실한 인식 위에서 이 기도를 해야 합니다. 하나님께 전체를 드려서 그의 도구로 그가 원하시는 대로, 경영하시는 대상으로서 나는 존재한다고 생각하고 그 앞에 준비하고 "여기 있습니다." 하고 내놓아야 합니다.

또한 나를 봉헌했다는 소극적 측면에서뿐만 아니라 적극적으로 나와 우리에게 가르치시고 계시는 사명이 무엇인지를 식별하여 그 사명에 자신이 적극적으로 행진해 나가겠다는 각오가 요구됩니다.

; 왠지 억울하게 느껴진다

그런데 이렇게 생각하면 하나님께서는 창조자이시기 때문에 나에 대해서 그런 권리를 가지고 계신 것을 부정할 수 없지만 억울한 심정을 가질 수 있습니다. 너무 차갑게 느껴지고, 너무하신 것 아닌가 하는 생각이 날 수도 있습니다.

하지만 이것은 하나님에 대한 바른 인식이 부족하기 때문입니다. 하나님을 절대 통치 대권자로만 이해하는 것과 인격자로 이해하는 것에는 큰 차이가 있습니다. 절대 통치 대권자로 이해하면 우리 신앙이란 노예적이고 아무 흥미가 없는 굴종적인 모습이 됩니다. 괴롭고 피곤하고 달갑지 않은 차디찬 의무감, 그 이상도 이하도 아닙니다. 하나님은 냉혹한 당위이며, 신비한 세력으로 생각되고 나는 거기에 강제당하여 굴종하지 아니할 수 없다는 생각으로 자꾸 들어가게 됩니다.

그러나 하나님을 고도의 인격자로 이해한다면 이런 굴종적인 생각은 사라지게 됩니다. 그 인격자가 우리를 사랑하시며 우리 아버지가 되신다는 사실은 그 분 뜻이 어떤 방향을 향해 있는지를 명백히 드러나게 합니다. 하나님 뜻으로 경영되는 전우주적 사건이라 할지라도 누구를 위한 것인지 분명해집니다. 우리가 하나님 자녀 됨을 믿는다면 우리가 만나는 아주 소소한 인간사의 사건들까지도 하나님께서 간섭해 들어오시면서 우리에 대한 사랑을 보이고자 하시는 분임을 믿을 수 있습니다.

그렇기에 비록 당장에 우리에게 닥쳐오는 어려움이 우리를 삼켜버릴 것 같이 두려워도 '당신의 뜻이 이루어지리이다'라는 기도를 할 수 있습니다. 당장의 어려움은 부모가 어린 자녀를 바르게 훈련시켜서 건실하게 양육되도록 하는 배려와 같은 것임을 깨닫고 견디는 힘을 얻게 됩니다. 그러면서 더욱 깊은 인식에 도달하게 되어 하나님 뜻을 더 깊이 이해할 수 있습니다.

이런 것을 다 알더라도 사실 우리 앞에 어려움이 오고 환란이 다가오면 이러한 믿음이 흔들릴 수 있습니다. 눈앞에 다가와 있는 현실에 우리 마음이 요동하고 지배당하는 것은 너무도 당연한 일입니다. 이것을 이긴다는 것은 인간의 힘으로 불가능합니다. 보이는 것은 보이지 아니하는 것으로 말미암으며, 보이는 인간사는 보이지 아니하시는 하나님의 역사로 말미암는다는 사실을 굳건히 붙잡고 나간다는 것은 보지 못하는 것을 인지하지 못하는 한계를 가진 인간이 할 수 있는 일이 아닙니다.

그 때에 우리는 눈을 감고 이 기도를 드려야 합니다. 눈앞에 실존적 사실은 나를 흔들고 넘어뜨리려는 세상의 힘의 작용이기에 눈을 감음으로써 나의 감각과 판단을 중지하고 믿음의 눈을 떠야 합니다. '하나님은 나의 아버지시다'라는 사실만을 인지해야 합니다. 그리고 이렇게 기도해야 합니다. "당신의 뜻이 이루어지리이다" 이 기도를 함으로써 우리는 현상적 세상에서 영적 전투를 행하는 것입니다.

10 주기도문 (6)

– 필요한 물자와 보급품을 주옵소서

마태복음 6:9-13

----

[9]그러므로 너희는 이렇게 기도하라 하늘에 계신 우리 아버지여 이름이 거룩히 여김을 받으시오며 [10]나라이 임하옵시며 뜻이 하늘에서 이룬 것같이 땅에서도 이루어지이다 [11]오늘날 우리에게 일용할 양식을 주옵시고 [12]우리가 우리에게 죄 지은 자를 사하여 준 것같이 우리 죄를 사하여 주옵시고 [13]우리를 시험에 들게 하지 마옵시고 다만 악에서 구하옵소서(나라와 권세와 영광이 아버지께 영원히 있사옵나이다 아멘)

　우리는 예수 그리스도로 말미암아 아담이 행한 죄와 죄 값에서 벗어났습니다. 그 타락한 지위에서 회복되어 다시 하나님 사랑을 받으며 하나님을 사랑할 수 있는 자리로 올라왔습니다. 비로소 우리는 예수님을 따라서 아담이 드리지 못했던 기도를 드릴 수 있습니다.

　우리를 향하신 하나님 사랑을 온전히 믿으면서 '나의 원대로 마옵시고, 당신의 뜻대로 하옵소서.'라는 기도를 통해서 우리에게 주어진 자유를 사용하여 그 자유를 다시 하나님께 드릴 수 있습니다. 나의 이 기도로 인하여 하나님께서는 내 자유 안에서까지라도 자유하신 분이되심으로서 온전히 자유하신 분이되십니다. 그리고 온전한 자유를 사용하여 우리를 향한 그 사랑을 완성하실 것입니다.

; 군사는 양식을 공급 받는다

　하나님께서는 이 일을 그저 주먹구구식으로 행하시는 것이 아니라 거대한 경영 속에서 나를 향한 사랑을 실현하십니다. 그 거대한 경영은 '하나님 나라'라고 하는 형태로 드러납니다. 예를 들어 국가가 빈민들의 생계를 위하여 직접 양식을 나눠 줄 수도 있으나 일자리를 만들어 노동을 하도록 함으로써 삶을 지지하는 것과 비슷합니다. 하나님께서는 우리를 하나님 나라의 군사로 고용하심으로써 우리의 삶을 책임지실 뿐 아니라 우리를 훈련시키고 계십니다. 우리는 왕이신 하나님의 군사로서 하나님의 뜻을 이루기 위하여 충성을 다하여야 합니다. 천상에선 천사들이 하나님의 뜻을 받들고 있고 지상에서는 우리가 하나님의 뜻을 받들어 나갑니다.

그런데 이 지상에는 하나님 나라의 반역자들이 존재합니다. 이들은 천상에서 쫓겨나 지상으로 와서 힘을 쓰고 있습니다. 그들도 국가 조직과 세력을 가지고 하나님과 하나님 나라를 대적함으로써 하나님의 뜻을 거스릅니다. 그렇기에 이 땅은 여전히 전쟁 중입니다. 이 전쟁은 영적전쟁입니다. 우리는 적진에 투하된 특수 요원입니다. 에베소서 6:11-13을 보겠습니다.

엡6:11마귀의 궤계를 능히 대적하기 위하여 하나님의 전신갑주를 입으라 12우리의 씨름은 혈과 육에 대한 것이 아니요 정사와 권세와 이 어둠의 세상 주관자들과 하늘에 있는 악의 영들에게 대함이라 13그러므로 하나님의 전신갑주를 취하라 이는 악한 날에 너희가 능히 대적하고 모든 일을 행한 후에 서기 위함이라

이처럼 대상은 혈과 육이 아니라 정사와 권세와 어둠의 세상 주관자들과 악의 영들과의 영적전쟁 중입니다. 이 전쟁에서 우리는 하나님 나라 군사로서 만만치 않은 전투를 수행 중입니다. 그렇기에 군사로서 생활할 때에 먹을 것과 입을 것과 전쟁 물자는 당연히 그 전

쟁을 수행하도록 하는 왕이 줍니다. 그런 측면에서 우리는 '우리에게 일용할 양식을 주시옵소서.'라고 기도할 수 있는 것입니다.

; 물질적 필요를 구해야 함

만일 우리가 군사임을 망각한다면 '일용할 양식을 주십시오.'는 '한 번만 도와주세요.'와 별반 다르지 않은 말이 됩니다. 예수님께서는 우리를 하나님 앞에서 거지로 만들기 위하여 이 기도를 하라고 하신 것이 아닙니다. 군사로서 자아인식을 분명히 가지고 기도하도록 하신 것입니다. 양식이란 물질적 필요를 대표해서 쓴 단어입니다. 군대는 당연히 일용할 양식, 보급품과 전쟁 물자를 달라고 해야 합니다. 그렇지 않으면 적에게 투항한 부대입니다. 아니면 탈영하여 도적떼가 되어 있다고 봐야합니다.

우리가 진정으로 그리스도인이고 하나님 나라의 군사라면 물질적 필요도 기도해야 합니다. 흔히 물질적인 것을 요청하는 기도를 하는 것은 경건치 못한 행위인 것처럼 생각하기 쉽습니다. 왠지 영적이지 않은 것 같고, 이런 것들을 하나님께 기도한다는 것은 거룩하지 못한 것 같이 여깁니다. 물질적인 내용은 우리가 알아서 하고 영적인 내용만으로 기도하는 것을 믿음이 좋은 것이라고 생각합니다. 저도 그랬습니다.

그러나 이것이야말로 하나님 앞에서 믿음이 없는 행위입니다. 정신적인 것은 기도해 놓고도 이루어진 것인지 안 이루어진 것인지 당장에 표가 나지 않습니다. 그렇기에 기도하고 응답을 못 받았다는 것에 대한 부담이 없습니다. 하지만 물질적인 것은 눈에 확연히 드러납니다. 그렇기에 기도가 응답되지 않았을 때에 큰 부담을 느끼게 되고 이것을 두려워하고 꺼려하여 기도하지 않는 것입니다.

이는 성경의 생각이거나 예수님의 가르침이 아닙니다. 영적추구만 기도하고 물질적 요구는 기도하지 않는 것은 플라톤적 이원론입니다. 영은 선하고 육은 악하다는 구분이 내재된 것입니다. 하지만 그리스도인들에게는 이 둘이 나누어져 있지 않습니다. 오히려 영적 실재가 우리를 통해서 이 땅에 임해 있습니다. 우리가 영적 세상과 이 땅의 통로이며 연결 고리입니다. 우리를 통해서 영적 세계가 사회적 현실로 시현되어야 합니다. 사회적 현실로 시현되는 일을 위하여 우리에게 사회적 필요, 물질적 필요가 있다면 마땅히 기도해야 합니다. 이런 기도를 하지도 않고 '없어서 못했습니다.'라는 핑계를 해서는 안 됩니다.

; 사람은 물질적 필요를 느끼도록 창조 됨

사람은 처음부터 물질적 필요를 느끼도록 창조하셨습니다. 아담과 하와에게 모든 열매를 음식으로 주셨습니다. 먹어야 하는 필요가 있는 존재로 지어졌습니다. 물질적 필요를 가지는 존재로서 물질적인 것이 충당되어야 비로소 유지하고 보존될 수 있는 존재로 만드셨습니다. 죄 때문에 물질적 필요가 있게 된 것이 아닙니다. 타락 이전의 인간은 자충족적 존재가 아니었습니다. 물론 죄로 말미암아 땅에 온

갖 변화가 생겼고 그로 말미암아 더 많은 필요가 생겼고 또 충족되지 않으면 안 되게 된 것은 사실입니다. 그래서 하나님께서는 다음과 같이 하여 인간의 필요를 충족시켜 주셨습니다.

창3:21 여호와 하나님이 아담과 그 아내를 위하여 가죽옷을 지어 입히시니라

타락으로 말미암아 받게 된 저주로 인하여 인간들에게 더 많은 필요가 생겼습니다. 그래서 하나님께서 인간의 몸을 보호하기 위하여 친히 짐승의 가죽으로 옷을 만들어 입히셨습니다. 이 본문에는 여러 의미가 담겨 있지만, 그와 함께 인간의 필요를 채우기 위해서 다른 피조물을 죽일 수도 있다는 본이 들어 있습니다.

만일 이것이 아니었다면 감히 하나님께서 창조하신 세상의 생명을 자신의 필요에 쓸 수 있다는 생각을 할 수 없었을 것입니다. 선악을 알게 하는 나무의 실과를 따먹고 큰 벌을 받고 있는데 하물며 동물의 생명을 죽여서 자신들의 필요를 충당하겠다는 생각을 어떻게 할 수 있었겠습니까? 그렇기에 하나님께서는 이 세상 속에서 생존을 위하여 필요를 충족시키면서라도 살아가도록 하신 것입니다. 이는 나중에 노아언약에서 더 확장되고 공인됩니다.

창9:1 하나님이 노아와 그 아들들에게 복을 주시며 그들에게 이르시되 생육하고 번성하여 땅에 충만하라 2땅의 모든 짐승과 공중의 모든 새와 땅에 기는 모든 것과 바다의 모든 고기가 너희를 두려

워하여 너희를 무서워하리니 이들은 너희 손에 붙이웠음이라 ³무릇 산 동물은 너희 식물이 될지라 채소 같이 내가 이것을 다 너희에게 주노라

이때에 이르러는 동물을 먹는 것까지도 허락하셨습니다. 그만큼 인간의 삶에 필요한 에너지가 많아졌음을 의미합니다. 하나님께서는 이처럼 인간들의 물질적 필요를 적극적으로 채워주십니다.

그런데 종종 수도원주의적인 물질관을 기독교 신앙이라고 생각하기 쉽습니다. 그러나 우리가 물질적 단절 속에 살게 된다면 어떻게 하나님 나라가 사회적 현실로 드러날 수 있겠습니까? 아무도 이 일을 행할 사람이 없습니다. 물질 없이 가난하고 핍절하게 사는 것이 마치 자기의 덕이 높아서 그런 것 같이 생각하기 쉽습니다. 동양적 사고와 사상 속에서는 이런 생각이 일반적으로 통합니다.

하지만 성경에서는 엄청난 부자들이 많이 나옵니다. 아브라함, 이삭, 야곱 등은 다 부자였습니다. 비록 작지만 왕과 같은 개념의 족장이었습니다. 욥도 대단한 부자였습니다. 초대교회에서는 교회의 구제를 위하여 많은 부자들이 자신의 재산을 털어서 교회 앞에 내놓았습니다. 수많은 과부들과 가난한 자들에게 매일 구제를 행하는데 들어가는 경비를 다 감당할 만큼 엄청난 부자들이었습니다. 이들이 교회의 사업을 감당했습니다.

물론 그렇기 때문에 다 부자가 되어야 한다는 것은 아닙니다. 무

턱대고 무조건 부자가 되겠다는 것은 욕심 그 이상 아무것도 아닙니다. 물질적인 것도 은사입니다. 자신의 은사를 잘 알고 활용해야 합니다. 중세에는 교회 앞에 다 내놓아야 한다는 사상이 퍼져 있었습니다. 하지만 개혁자들은 그럴 것이 아니라 하나님께서 주신 은사를 잘 활용하여서 가장 합리적이고 지혜롭게 운용하여 가장 유효한 역사를 창조하는 일에 써야 한다는 것을 가르쳤습니다. 모두 팔아서 나눠주고 자신은 홀가분하게 무소유로 사는 것이 아니라 물질도 하나님께서 주신 은사로서 잘 가꾸고 사용하여서 하나님 나라와 교회를 위해서 가장 좋은 방안을 선택해야 합니다.

그런데 이것을 기회로 물질을 자기 것으로 여기면서 욕심을 부리며 겉으로 명분으로만 하나님 앞에 청지기로 서 있는 것처럼 행해서는 안 될 것입니다. 하나님 앞에서 늘 진솔히 물어봐야 합니다.

; 풍성히 주시겠다는 약속

하나님께서 우리 모두를 다 부자로 만드시기로 약속하고 부자로 부르신 것은 아닙니다만 풍성히 주시기로 약속하셨습니다. 그렇기에 물질이 없는 것이 믿음이 좋다는 것으로 여겨질 수 없습니다. 세상에서의 실패를 신앙이 좋다는 것으로 곧바로 이어가서 생각할 수는 없습니다. 좀 더 지혜롭고 신중하게 그 전선을 유지해내고 전진해 나가기 위하여 노력해야 합니다. 어떤 사람이 실패했다면 그가 신앙이 좋아서 실패했을 수도 있으나 많은 경우에는 그가 신앙이 없었어도 실패했을 수 있을 것 입니다. 신앙을 실패의 핑계로 댈 수 없습니다. 하나님께서 우리에게 늘 실패만 주겠다고 하시지 않으셨기 때문입니다. 오히려 모든 필요를 채워주시겠다는 약속을 분명히 해 주셨습니다.

마6:31오늘 있다가 내일 아궁이에 던지우는 들풀도 하나님이 이렇게 입히시거든 하물며 너희일까 보냐 믿음이 적은 자들아 32이는 다 이방인들이 구하는 것이라 너희 천부께서 이 모든 것이 너희에게 있어야 할 줄을 아시느니라 33너희는 먼저 그의 나라와 그의 의를 구하라 그리하면 이 모든 것을 너희에게 더하시리라

빌4:19나의 하나님이 그리스도 예수 안에서 영광 가운데 그 풍성한 대로 너희 모든 쓸 것을 채우시리라

모든 필요를 풍성히 채워주시겠다는 약속이 이처럼 아주 분명하게 기록되어 있습니다. 먼저 그 나라와 그 의를 구하면 우리에게 필요한 모든 것을 채워주시겠다고 하셨습니다. 여기서 먼저 구하라는 것은 제일 처음에 구하라는 말씀이라기보다는 '이것을 위해서 구하는 것이라면'으로 이해해야 합니다. 하나님 나라를 위해서 구하는 것이라면 이 모든 것을 주시겠다는 말씀입니다.

; 그리스도인에게 궁핍함이 있는 이유

'그렇다면 목사인 당신은 어떤가?'라는 질문을 던지고 싶은 사람들이 있을 것입니다. 목사로서 과연 위에서 이야기한 것과 같이 되었는가? 솔직히 저 자신도 물질적 필요와 관련해서는 플라톤적 이원론에

서 벗어나지 못한 측면이 많습니다. 그러나 늘 물질적인 것을 하나님께서 채워주셔야 한다고 인식하고 기도해 왔고 하나님께서는 늘 일용할 양식을 때때마다 주셨다고 고백할 수 있습니다. 그럼에도 불구하고 사실 풍성히 채워주신다는 약속이 내게 이루어졌다고 객관적으로 말하기는 어렵습니다. 이것은 내가 그렇게 기도하지 않았기 때문입니다. 그렇기 기도하지 않았다는 말은 그저 '저를 부자로 만들어주세요'라고 기도하지 않았기 때문이라는 말이 아닙니다. 내가 기도하지 않았다는 것은 기도할 수 없었기 때문에 기도하지 못했다는 것입니다. 내가 풍성하게 삶을 사는 문제와 하나님 나라와 하나님 영광과 어떤 구체적 연관성이 있는가에 대한 통찰과 이해가 없기 때문에 이런 기도를 할 수 없었습니다. 이러한 이해가 없이 그저 '부자로 만들어 주세요.'라고 기도하는 것은 그저 욕심일 뿐이며, 응답되지 않는 공허한 메아리가 되고, 듣지 아니하시는 기도가 됩니다.

마치 어린 아이가 칼을 가지고 놀겠다는 것과 같은데 어느 부모가 주겠습니까? 돈이 나의 사명과 어떤 관련이 있고, 어떻게 활용되어야 하는지 잘 모르면서 그저 돈이 있으면 좋겠고 사명도 잘 이룰 수 있을 것 같고 하는 막연함 속에서 돈이 주어진다면 나는 과연 바른 목사로서 바른 목회를 할 수 있었을까? 라고 자문할 때에 솔직히 부정적인 대답을 하게 됩니다.

내가 풍성히 살았다면 과연 하나님 나라와 하나님의 이름이 영광을 받는가? 아니면 지금까지 궁핍한 삶을 살아야 했던 것이 하나님 나라와 하나님 이름과 하나님 뜻을 이루는 길이었겠는가? 합리회하는 것이라고 할지 모르지만 저는 후자라고 생각합니다. 풍성함을 주시는 것이 하나님 뜻을 이루는 일이 되었다면 그렇게 하셨을 것이라고 고백할 수 있습니다. 지금까지 내가 처해온 현실들이 나를 더욱 깊은 사람으로 만들어 왔다는 것을 인정할 수밖에 없습니다.

때때마다 누군가가 등록금을 척척 주고, 물질적으로 어려움이 없었다면 과연 나는 어떤 사람이 되어 있고, 어떤 목사가 되었을까? 과연 성도들이 세상에서 만나게 되는 모든 문제들에 대해서 나는 얼마나 실제적 이해를 할 수 있고, 목회할 수 있었겠는가? 내가 어려움을 만나지 않았다면 어려움을 만나고 그 속에서 살아내야 하는 사람들 심정을 무슨 수로 알 수 있었겠으며, 궁핍하지 않았다면 궁핍함이라는 것이 얼마나 실존적일 뿐만 아니라 그것을 넘어서 영혼의 문제까지도 흔들어 놓는지를 몰랐을 것입니다.

기껏 낼 수 있는 답이라는 것이 "믿음대로 하세요."였을 겁니다. 그렇게 대답해주고서 흔들리는 교인들 모습을 한탄스럽게 바라보면서, 나 자신의 굳건한 믿음에 만족하며 살았을 가능성이 높습니다. 저는 그런 정도의 인간밖에 안 됩니다. 그런데 하나님께서 저를 그 수많은 어려움을 겪게 하셔서 그런 잘난 척을 못하게 만드셨습니다.

하나님께서는 분명히 우리에게 물질적인 것을 공급해 주십니다. 그것도 풍성히 주시기를 원하십니다. 그러나 그것보다 훨씬 중요하게 원하시는 것은 우리 자신입니다. 나 자신을 좀 더 하나님 백성다운 고도한 인격과 실력을 소유하게 하시기 위해서, 좀 더 깊고 고도한 인격을 소유하도록 오늘도 풍성히 주시고 싶으시지만 인내하고 계십니다.

  우리는 하나님께 물질적인 것들을 구해야 합니다. 기도해야 합니다. 기도할 때에 우리 자신이 하나님 나라 백성이며, 하나님 나라를 위해서 살고 있음을 인식하고 거기에 따라 살 때에 필요한 것이 무엇인지 생각해야 합니다. 무슨 일을 어떻게 하려고 하는지 보고해야 하고, 그 일에 많은 연구와 노력을 요구하십니다. 그것을 위하여 기도하라고 요구하고 계십니다. 그렇기에 우리가 물질적 필요를 채워 주시기를 기도하지 않는다면 우리는 하나님 나라를 위해서 아무런 생각도 없는 사람임을 증명하고 있는 것입니다.

11 주기도문 (7)

- 강력한 공격 무기

마태복음 6:9-13

----

⁹그러므로 너희는 이렇게 기도하라 하늘에 계신 우리 아버지여 이름이 거룩히 여김을 받으시오며 ¹⁰나라이 임하옵시며 뜻이 하늘에서 이룬 것같이 땅에서도 이루어지이다 ¹¹오늘날 우리에게 일용할 양식을 주옵시고 ¹²우리가 우리에게 죄 지은 자를 사하여 준 것같이 우리 죄를 사하여 주옵시고 ¹³우리를 시험에 들게 하지 마옵시고 다만 악에서 구하옵소서(나라와 권세와 영광이 아버지께 영원히 있사옵나이다 아멘)

우리는 사탄 나라에 노예로 잡혀 있다가 예수 그리스도께서 치르신 죄 값으로 인하여 해방된 자들이며, 이제는 하나님 나라 백성이며 군사입니다. 이러한 우리가 우리를 노예로 사로잡고 있던 사탄 나라와 영적 전쟁 중입니다.

'일용할 양식'에 대한 간구가 군대에 필요한 보급품을 본국에 요청하는 것이라면, 지금 보게 될 구절은 전쟁물자, 더 명확히 말하자면 공격무기에 대한 내용입니다. '우리가 우리에게 죄 지은 자를 사하여 준 것같이 우리 죄를 사하여 주옵소서'라는 구절이 어떻게 공격무기와 연관되는지 어리둥절하실 수 있습니다. 그러나 이번 장을 읽으시다 보면 충분히 이해되시리라 생각합니다.

; 신중하게 해석해야 함

여기 본문을 보면서 가장 먼저 눈길이 가고 관심을 갖게 되는 것은 '우리가 우리에게 죄 지은 자를 사하여 준 것 같이'입니다. 자기공로로 무엇을 얻는다는 것은 성경의 가르침을 정당하게 받아들인 것이 아닙니다. 특히 죄 사함 받는다는 것을 자신의 행위와 연관된 깃으로 이해하는 행위 구원적 이해는 잘못된 신앙입니다. 그런데 오늘 여기에 행위로 죄 사함을 얻는다는 말씀으로 보이는 예수님 말씀을 만났습니다. 과연 이것은 어떻게 이해해야 할까요?

오늘 본문 구절은 해석에 있어서 신중함을 요구합니다. 본문의 '같이'를 문법적으로 어떻게 볼 것이냐 하는 문제가 이 구절의 이해 방향을 결정합니다. 우리말로만 볼 때는 '우리가 용서하였기 때문에 그것과 비례해서(최소한 그것과 같은 분량의) 우리 죄를 용서해 주십시오.'라고 이해하는 것이 자연스러워 보입니다.

하지만 원문을 살펴보면 우리말과 순서가 바뀌어 있고 거기서 오는 뉘앙스는 다릅니다. 원문의 순서를 따라서 적어보면,

'우리를 사하여 주옵소서, 우리의 빚을.
또한 우리가 사하여 준 것과 같이 우리에게 빚진 자들을'

이렇게 보면 느낌이 달라집니다. 여기에는 문법적으로 여러 가지 가능성이 내포되어 있습니다. 위에서 이야기 했던 '같이'의 경우에도 '비례해서'를 의미하기보다는 '우리가 용서하는 것, 그것과 같은 방식(같은 장르)로 용서해 주십시오.'라고 이해하는 것이 훨씬 자연스럽습니다. 이것 이외에도 신학계에서는 문법적으로 복잡한 논의들이 많이 진행되고 있습니다.

; 모호한 구절을 해석할 때의 원칙

다만 이런 상황에서 우리는 어떤 해석을 따라야 할 것인가? 이때 인간들의 경험칙이나 인간적이며 내재적 세계관에 입각한 논리를 따라서 선택해야 한다고 주장하는 이들이 있습니다.

그러나 우리는 이런 상황에서 성경 밖을 볼 것이 아니라 성경 안을 보아야 한다고 생각합니다. 해석하기 어렵고 해석의 가능성이 여러 가지로 열려 있을 때에는 성경의 다른 곳에서 이 주제와 관련하여 더 분명하게 표현하여 가르치고 있는 곳을 찾아서 그것에 모순되지 않게 해석해야 합니다. 그렇기에 이와 관련된 곳을 한 번 보겠습니다. 에베소서 1:4입니다.

엡1:4 곧 창세전에 그리스도 안에서 우리를 택하사 우리로 사랑 안에서 그 앞에 거룩하고 흠이 없게 하시려고

이 부분은 문법적으로든지, 문맥적으로든지 다른 방식으로 해석할 수 없습니다. 창세전에 택함을 받았으며, 우리가 아직 죄인 되었을 때에 우리를 위해서 그리스도께서 죽으셨다고 확고히 쓰여 있습니다. 우리는 하나님과 죄 사함과 구원에 대하여 협상하거나 타협할 수 있는 존재가 아닙니다.

그런데 이것을 반대로 해석하려는 사람들이 있습니다. 이것은 기발한 아이디어나 이론을 만들거나 재미있는 이야기를 만들 수는 있으나 성경의 본의를 밝히는데 도움이 되기보다는 어려움을 가중합니다. 성경의 전체성과 통일성을 해치는 결과를 가져오곤 합니다. 우리는 성경을 통해서 창작을 하려는 것이 아니라 해석을 하려는 것입니다.

; 우리가 용서한 것과 같이 용서하소서

이 본문의 문법적 복잡성과 논란으로 인해 문장의 뜻을 확정하기 어렵고 열려있다고 말할 수 있습니다. 그렇기에 우리가 지금까지 살펴본 신학적 내용들을 종합하여 정리함으로써 결론으로 나가야 합니다. 거기에 우리가 지금까지 보아온 마태복음의 흐름과 특히 주기도문의 성격에 유념하면서 문장을 정리하는 것이 가장 좋은 해석이 될 것입니다. 이상의 내용에 유념하여 다시 번역해 보겠습니다.

'우리의 죄를 용서하소서.
또한 우리에게 죄진 자들을 우리가 용서한 것과 같이 (용서하소서)'

주기도문이기에 기도문에 맞게 정리했습니다. 이렇게 보면 하나님께 용서를 구하는 자들은 하나인데, 용서를 받을 대상은 '우리'와 '우리에게 죄진 자들', 이렇게 둘이 됩니다. 이것이 핵심입니다.

지금 이 기도하는 자들은 우선 하나님께 자신들의 죄를 용서해 주시기를 간구하고 있습니다. 그런데 거기에 그치지 않고 하나님의 용서하심을 믿으면서 자신들에게 죄를 지은 자들의 죄까지 용서해주시기를 소원하고 있는 것입니다. 성도들이 이미 그들을 용서하였으니, 하나님께서도 그들을 용서하여 주시기를 구하고 있습니다.

; 공의와 용서

그리스도인들이 다른 사람들을 용서한 것은 특별히 잘한 것이 아닙니다. 공로로 내세우거나 하나님 앞에 내놓을 수 있는 조건이 아닙니다. 자신들에게 죄를 지은 자들을 용서하는 것은 너무도 당연합니다. 이것은 일만 달란트 빚을 탕감 받은 자가 백 데나리온을 빚진 자를 탕감해줘야 하는 것이 당연한 것과 같습니다(마18:23-35).

여기서 '용서'라는 것에 대한 좀 더 깊은 논의가 필요합니다. '우리의 죄를 사하여 주옵소서.'는 직역하자면, '우리의 빚을 탕감해 주소서'가 됩니다. 누가복음의 원문은 '죄'라는 표현을 썼는데, 마태복음은 이처럼 '빚'이라는 표현을 써서 히브리적 이해를 가지고 있는 자신의 독자들에게 맞춰주고 있습니다. 우리 모두는 하나님께 빚진 자들이고, 하나님께 탕감 받아야 한다는 것입니다. 이것은 일 만 달란트 탕감 받은 자 비유가 마태복음에만 나타나는 이유와 연결됩니다.

사람들은 용서라고 하면 인격자의 포용적 감정문제로만 인식하기 쉽습니다. 하지만 진정한 용서의 문제는 그렇게 간단하지 않습니다. 진정한 용서는 용서한 자가 행한 잘못과 죄에 대한 값을 메워야만 이루어질 수 있습니다. 당사자가 감정을 정리하는 수준을 용서라고 부를 수 없습니다.

절대 대권을 가지신 하나님이시라도 인간의 죄를 그냥 없던 것으로 여기며 지워버리실 수 없습니다. 인간의 죄는 용서하시면서 사탄의 죄는 용서하지 않으시고, 동시에 또한 공의로우셔야하기 때문입니다. 그 죄 값을 해결하셔야만 합니다. 인간의 죄를 용서하시기 위해서는 그 죄 값을 누구에게든지 분명히 받으셔야 합니다. 그렇게 하여 하나님의 공의를 만족시키셔야 합니다. 그렇게 하지 않으시고 용서를 행하신다면 하나님께서는 불의한 분이되십니다.

하나님의 공의를 만족하시면서 동시에 인간을 용서하는 것은 이 세상의 원인과 결과의 법칙 하에서는 불가능합니다. 이것은 신비한 일이며, 기적입니다. 공의를 만족시키면서 동시에 인간을 용서하기 위하여 성자 하나님이 죽으셨습니다. 하나님은 죽을 수 없기에 죽기 위하여 인간의 몸을 입으셨고 죽으셨습니다.

; 인과응보와 은혜의 법칙

이 사실에 이 세상은 당황합니다. 원인과 결과의 법칙에 의하여 인간이 죄를 지었다면 당연히 그 결과로 죄를 지은 인간이 죽어야 합니다. 이 법칙 밖에 모르는데, 여기에 은혜의 법칙이 들어왔습니다. 죄는 인간이 지었는데 죄의 값을 하나님 쪽에서 내셨습니다. 인간의 죄를 그냥 없는 것으로 지나가지 않으시고, 죄의 값을 받으셔야 하는 하나님 쪽에서 내셨습니다.

그렇기에 우리 죄에 대한 모든 용서는 성자 하나님이신 예수 그리스도의 죽음의 값입니다. 용서를 말할 때에는 언제든지 예수 그리스도의 대속 죽음을 기억해야 합니다. 대가없이 주셨다고 하니까 하나님께서도 공짜로 생겨난 것을 주시는 것처럼, 그래서 용서와 구원이 우리 쪽에서는 대단할지 모르지만 하나님께는 별 일이 아닌 것같이 생각해선 안 됩니다. 성자 하나님이 죽임을 당하시고서야 얻으신 용서입니다.

그리고 이러한 용서는 다시 우리용서의 특성이 됩니다. 우리가 행해야 하는 용서는 하나님께서 우리를 용서하셨다는 사실에 근거합니다. 한 번 더 강조하자면, 우리 죄 값을 우리가 아니라 하나님 쪽에서 내시고 주신 용서입니다. 그 용서의 특성, 용서받아야 하는 죄의 값을 죄를 지은 쪽에서가 아니라 죄의 피해자, 용서를 베풀어야 하는 쪽에서 죄의 값을 갚고 용서를 하는 것이 우리가 행해야 하는 용서입니다.

인간이 가진 용서에 대한 생각은 잘못한 이가 와서 잘못한 것을 보충하고 빌고 용서를 구하면 용서할 수 있다는 것입니다. 좀 너그러운 사람은 잘못한 사람이 잘못을 다 보충하지 못한다 할지라도 용서를 구하면 용서하는 사람입니다. 여기가 한계입니다.

그러나 그리스도인들의 용서는 완전히 다릅니다. 우리는 잘못한 사람의 잘못을 우리가 메우고, 용서를 구하기 전에 이미 용서하는 것입니다. 이것이 우리가 받은 하나님의 용서의 특성이기에 우리의 용서의 특성이 돼야 합니다.

; 세상에 던지는 폭탄

여기에다가 저들은 도무지 생각하지도 못하는 것까지 우리가 용서를 대신 구해야 합니다. 사람들이 우리들에게 죄를 짓는 것은 우리에게만 죄를 짓고 우리가 용서하고 끝나는 문제가 아닙니다. 세상에서도 폭력이 발생하면 당사자들의 문제라고 둘이서 해결하도록 하지 않고, 폭력적 행위를 공권력이 나서서 처벌합니다. 하나님 앞에서는 더욱 그러합니다. 내게 죄를 지어서 나와 그 사람 사이에 문제가 발생한 것보다 훨씬 심각한 문제가 그 사람이 하나님 앞에서 법을 어기고 죄를 지었다는 사실입니다.

우리는 용서하였지만 그 사람이 하나님 앞에서 죄를 지었다는 사실은 여전히 남아 있는데 그 사람은 그것을 모르고 있습니다. 인정하지 않습니다. 이 사실을 알고 있는 우리가 그것에 대해서까지 용서를 구해야 합니다. '하나님, 이 사람의 다른 죄에 대한 용서를 저희가 구할 어떠한 연계성도 없사오나 다만, 우리에게 죄를 지은 것을 우리는 이미 용서하였사오니 하나님께서도 그것만은 용서하옵소서.' 이것이 진정으로 그리스도인다운 태도이며, 그것이 원수를 사랑하는 자의 모습입니다.

하나님께서는 이런 우리를 통하여 세상의 죄를 용서하시길 원하십니다. 왕이신 하나님의 긍휼하심이 얼마나 위대하신지, 그 긍휼하심을 먼저 입은 자들이 보이는 긍휼이 그 증거가 됩니다. 이들이 보여주는 긍휼은 왕의 명예가 되며, 통치의 성격과 능력의 표증입니다.

우리를 통해서, 우리의 긍휼한 용서를 통해서 정치적 선전이나 구호가 아니라 인격적 개별자로서, '나와 너'의 관계를 타고 하나님 은혜가 인격적으로 임하게 되는 것입니다.

하나님께서는 이렇게 하여 사탄의 세력에 사로잡혀서 원인과 결과의 법칙에 굴복하며 죄의 값인 사망을 기다리고 있는 세상의 죄인들에게 은혜의 법을 알리십니다. 세상에 존재하지 않는 용서, 예수 그리스도를 통하여 역사 안으로 침투한 신적용서가 자신들에게까지 따스한 빛을 비춰주고 있음을 경험케 하십니다.

그렇기에 용서는 그리스도인들의 강력한 무기입니다. 이것이 사탄과 함께 자살의 질주를 막는 공격이며, 냉엄한 수학 법칙에 갇힌 세상을 부수는 사랑의 폭력입니다. 이것은 우리가 마음에 결단을 한다고 행할 수 있는 것이 아닙니다. 주기도문이 허락된 하나님 나라 백성이며, 군사라는 사실을 확고히 믿어야 가능합니다. 우리는 주기도문을 통해서 기도함으로써 보급품(일용할 양식)과 폭탄(용서)을 하나님께로부터 매일 공급받아야 비로소 그리스도인답게 살 수 있습니다.

12 주기도문 (8)

– 시험과 악에서 건져 주옵소서

마태복음 6:9-13

----

⁹그러므로 너희는 이렇게 기도하라 하늘에 계신 우리 아버지여 이름이 거룩히 여김을 받으시오며 ¹⁰나라이 임하옵시며 뜻이 하늘에서 이룬 것같이 땅에서도 이루어지이다 ¹¹오늘날 우리에게 일용할 양식을 주옵시고 ¹²우리가 우리에게 죄 지은 자를 사하여 준 것같이 우리 죄를 사하여 주옵시고 ¹³우리를 시험에 들게 하지 마옵시고 다만 악에서 구하옵소서(나라와 권세와 영광이 아버지께 영원히 있사옵나이다 아멘)

이제 주기도문 가운데 마지막 간구를 살펴보려고 합니다. '시험에 들게 하지 마옵시고 다만 악에서 구하옵소서.'라는 두 문구가 하나의 기도입니다. 하지만 이 두 문구가 동일한 내용을 반복하고 있는 것은 아닙니다. 좀 다른 내용을 담고 있습니다. 시험에 들게 하지 않도록 해달라는 요청과 악에서 구하여 달라는 요청으로 나누어 생각해 볼 수 있습니다.

; 하나님께서 시험을 주신다?

먼저 '시험에 들게 하지 마옵소서.'에 대해서 보겠습니다. 시험은 마귀가 하는 것입니다. 마태복음 4:1에서도 예수님께서 '마귀에게 시험을 받으러' 가셨다고 쓰여 있습니다. 그런데 마귀만 시험을 하는 것이 아닙니다. 예수님이 마귀의 시험을 받도록 광야로 인도하시는 것은 성령님이십니다. 또한 창세기 22:1에서도 '그 일 이후에 하나님께서 아브라함을 시험하시려고 그를 불러내사'라고 하여서 마귀가 아닌 하나님께서도 시험을 하신다는 사실을 적고 있습니다. 반면에 야고보 사도는 이렇게 말씀합니다.

^{약1:13}사람이 시험을 받을 때 내가 하나님께 시험을 받는다고 하지 말지니 하나님은 악에게 시험을 받으시지도 아니하시고 또 친히 아무도 시험하지 아니하시느니라 ¹⁴오직 각 사람이 시험을 받는 것은 자기 욕심에 끌려 미혹 됨이니

이처럼 사탄이 시험을 행하기도 하지만 하나님께서도 시험을 하십니다. 또 어느 때는 하나님은 시험하지 않으신다고 합니다. 도대체 어느 말이 맞는지 어리둥절해집니다. 먼저 생각할 것은 성경에서 말하고 있는 시험이라는 것은 약간씩 다르다는 사실입니다. 그래서 하나님께서 시험을 하신다고 하고, 하나님께서는 시험을 하지 않으신다고 한 것입니다. 그렇기에 과연 시험이란 무엇인가 알아야겠습니다.

; 시험의 의도와 목적

시험은 시험을 내는 자의 의도와 목적이 있습니다. 월말고사와 같은 경우에는 대상자의 부족함을 파악하여 채워주기 위한 의도와 목적이 있습니다. 이러한 시험들은 대상자의 실력을 확인하기 위한 시험으로써 테스트(test)입니다. 하나님께서도 시험을 하십니다. 하나님께서 주시는 시험은 오로지 우리의 실력을 향상시키기 위한 목적을 갖습니다. 합격과 불합격을 변별하기 위한, 떨어뜨리기 위한 시험을 하지는 않으십니다. 그래서 하나님께서는 시험하지 않으신다고 말 할 수 있습니다.

하지만 시험에는 이러한 시험만 있는 것은 아닙니다. 넘어뜨리려는 시험이 있습니다. 사탄의 적극적 공작, 유혹(temptation)이 있습니다. 유혹하기도 하고, 속이기도 하고, 겁을 주기도 합니다. 사탄과 그 병사들은 국권적 조직을 가지고 하나님 나라 백성인 우리를 넘어뜨리기 위한 노력을 합니다. 한 번에 확 넘어뜨리기도 하지만 아주 서서히 공작을 하여서 옴짝달싹 못하게 몰아넣어서 쓰러지게 만들기도 합니다.

그러나 은혜로운 것은 테스트(test)는 물론 유혹(temptation)까지도 다 하나님의 주관과 섭리 안에 있다는 사실입니다. 유혹은 마귀의 시험이지만 결국 도리어 하나님의 훈련 프로그램이 됩니다. 욥의 경우를 생각해 보십시오. 사탄은 욥을 넘어뜨리기 위하여 애를 쓰고 시험을 줍니다. 하지만 하나님께서는 그러한 사탄의 계략을 통하여서 더욱 깊은 하나님에 대한 이해와 성숙을 이끌어내셨습니다. 우리가 시험에 걸려 넘어졌던 문제로 아팠던 것만큼 두려워하게 될 것입니다. 그리하여 신자다운 태도를 배우고 훈련하게 되어 고결한 성품을 소유하게 될 것입니다.

; 감당할 시험만 주신다?

시험에 대해서 한 가지 더 생각할 것이 있습니다. 고린도전서 10:13은 우리에게 감당할 시험만 주신다고 기록하고 있습니다.

고전10:13사람이 감당할 시험밖에는 너희에게 당한 것이 없나니 오직 하나님은 미쁘사 너희가 감당하지 못할 시험 당함을 허락지 아니하시고 시험당할 즈음에 또한 피할 길을 내사 너희로 능히 감당

하게 하시느니라

　자격이 주어져야 시험을 볼 수 있습니다. 그렇기에 내가 이런 시련과 시험을 만났다는 것은 그 정도 시련을 만나서 능히 통과할 수 있을 만한 자격을 가졌음을 하나님께서 승인하신 것입니다. 그렇기에 우리가 시험을 당하게 되면 기본적으로 감당할 수 있으며, 승리할 수 있는 시험이라고 믿고 승리해야겠다는 태도를 갖는 것이 중요합니다. 심지어 시험이 우리에게 가져다 줄 유익을 생각하면서 기뻐하라고 하십니다.

　^{약1:2}내 형제들아 너희가 여러 가지 시험을 만나거든 온전히 기쁘게 여기라

　그럼에도 불구하고 시험에 걸려 넘어지는 것은 우리들이 그 시험을 준비하지 못하고 있었기 때문입니다. 피할 길을 주신다는 의미는 꼭 도망갈 수 있도록 하신다는 뜻보다는 시험을 극복하여 벗어날 길을 함께 주신다는 의미에 가깝습니다. 영적이고 인격적 훈련을 지속적으로 노력해 왔다면 충분히 극복할 수 있는 시험인데 우리의 나태함과 영적 게으름으로 인해 큰 시험이 되는 것입니다.

; 적용 지점이 다른 하나의 기도

　우리는 지금 '시험에 들지 말게 하옵시고, 악에서 구하옵소서'라는 기도를 살펴보고 있습니다. 하나의 기도이기는 하지만 기도가 적용

되는 지점은 다릅니다. '시험에 들지 말게 하옵소서'는 미래에 일어날 가능성에 대한 간구입니다. 만나지 않기를 간구해야 하는 시험은 유혹(temptation)입니다. 악한 자 사탄이 주는 시험입니다. 아직 악에 빠지지 아니하였을 때에 사탄의 시험을 만나지 않도록 기도하는 것입니다. 그런데 이제 악한 자의 힘이 우리 앞에 도달하여서 우리가 그 손아귀에 빠져 있는 상태에 처해 있을 때가 '악에서 구하옵소서'라는 기도를 하게 되는 지점입니다.

그렇기에 '악에서 구하옵소서.'라는 이 기도는 자랑스럽게 '악을 이기겠습니다.'라는 기도가 아닙니다. '악을 이기게 해 주소서.'라는 뜻이 없는 것은 아니지만 그보다는 '악에서 건져내 주십시오.'라는 처절한 간구입니다. 악의 세력을 쉽게 생각하고 가볍게 여기는 사람은 대단히 어리석은 자입니다. 실상을 전혀 모르고서 자신에게 무슨 대단한 신앙이 있는 양 용감히 싸우겠다고 나서는 것입니다.

오히려 악의 실체를 알면 감히 나서서 대적하겠다는 생각보다는 그 악의 강력함과 용의주도함을 보면서 무서운 생각이 드는 것이 당연합니다. 거기서 이렇게 소심하고 힘이 없는 것을 느끼고 간곡히 기도하게 됩니다. 주님께서 어떻게 해서든지, 어떠한 방식으로든지 악에 빠져 있는 이 상황에서 벗어나게 해주시기를 간절히 기도하는 것입니다.

또한 이 기도를 예수님께서 우리에게 가르치셨음을 기억해야 합니다. '악에서 건져내 주십시오.'라고 기도하라고 하셨습니다. 그렇기에 우리를 악에서 건져 주시려는 뜻을 가지셨다는 것을 확신해야 합니다. 혹시 이루어 주실는지 모르겠다는 게 아닙니다. 우리가 이 기도를 드리면 반드시 건져주시려고 우리에게 가르치셨습니다.

; 심히 근심하여 죽게 되었을 때

이번에는 예수님께서 '시험에 들게 하지 마시옵고 악에서 구하옵소서'라고 기도하신 것이 어떤 상황을 염두에 두고 하신 말씀인지 보겠습니다. 복음서 후반부에 가서 예수님께서 제자들에게 직접 시험에 들지 않도록 기도하라고 말씀하신 장면이 나옵니다. 마태복음 26:36-41에 기록되어 있는데, 제자들에게 직접적으로 **시험에 들지 않게 깨어 기도하라(41절)**'고 말씀하셨습니다. 여기 '시험에 들지 않게'는 주기도문 내용을 암시하고 있습니다. 명확하게 기록하고 있는 병행 본문인 누가 복음 기록을 보겠습니다. 누가복음 22:40-46입니다.

A ⁴⁰그곳에 이르러 저희에게 이르시되 시험에 들지 않기를 기도하라 하시고
B ⁴¹저희를 떠나 돌 던질 만큼 가서 무릎을 꿇고 기도하여
C ⁴²가라사대 아버지여 만일 아버지의 뜻이어든 이 잔을 내게서 옮기시옵소서 그러나 내 원대로 마옵시고 아버지의 원대로 되기를 원하나이다 하시니

\# ⁴³사자가 하늘로부터 예수께 나타나 힘을 돕더라

C' ⁴⁴예수께서 힘쓰고 애써 더욱 간절히 기도하시니 땀이 땅에

떨어지는 피 방울같이 되더라

    B' ⁴⁵기도 후에 일어나 제자들에게 가서 슬픔을 인하여 잠든 것을 보시고

    A' ⁴⁶이르시되 어찌하여 자느냐 시험에 들지 않게 일어나 기도하라 하시니라

    누가는 이 부분을 샌드위치 기법(inclusio)을 사용하여서 이 기사의 강조점을 두드러지게 하고 있습니다. 샌드위치 기법은 문단구성을 세워 핵심을 강조하면서 전체 문장의 해석 방향을 제시하기 위하여 고대에 많이 쓰던 기법입니다.

    A-A' 에서는 제자들에게 시험에 들지 않도록 기도하라고 명령하시는 장면이 놓여 있습니다. B-B' 에서는 예수님께서 기도하시는 시작과 끝을 그려주고 있으며, C-C' 에는 기도 내용과 그 간절한 모습을 묘사했습니다. 그리고 제일 중간에 # 부분, '사자가 하늘로부터 예수께 나타나 힘을 돕더라'라는 이 문장이 자리 잡고 있습니다.

    마태복음에서 보면 예수님께서 ^{마26:38}'내 마음이 심히 고민하여 죽게 되었으니'라고 하셨습니다. 그런 가운데에서도 간절히 기도하셨습니다. 반면에 제자들은 '슬픔으로 인하여 잠들어' 있었습니다. 그 결과 예수님은 천사들이 와서 돕고 그래서 더욱 힘을 내서 기도하셨으며 자신에게 닥친 십자가 사명을 능히 감당하셨습니다.

; 악한 자의 손아귀에 넘겨진 제자들

그러나 제자들은 기도하지 않고 잠들어 있어서 이 후에 오는 시험에 걸려 완전히 넘어졌습니다. 이에 예수님께서는 이렇게 묘사하십니다. 누가복음 22:31-34, 베드로와 제자들이 시험에 빠질 것을 예언하시는 장면입니다.

녹22:31시몬아, 시몬아, 보라 사탄이 밀 까부르듯 하려고 너희를 청구하였으나 32그러나 내가 너를 위하여 네 믿음이 떨어지지 않기를 기도하였노니 너는 돌이킨 후에 네 형제를 굳게 하라 33저가 말하되 주여 내가 주와 함께 옥에도, 죽는데도 가기를 준비하였나이다 34가라사대 베드로야 내가 네게 말하노니 오늘 닭 울기 전에 네가 세 번 나를 모른다고 부인하리라 하시니라

이것이 바로 악에 빠진 것입니다. 베드로와 제자들은 악에 빠졌습니다. 악한 자가 이들을 청구하여 그 손아귀에 잡혔습니다. 즉, 사탄의 요구가 너무도 정당했기에 이들이 시험을 당하게 된 것입니다. 베드로와 제자들은 3년간이나 예수님을 따라다니면서 온갖 말씀과 이적을 듣고 보았습니다. 그렇기에 당연히 바른 하나님 나라에 대한 인식에 도달했어야 합니다. 윤곽이라도 잡고 있었어야 했습니다. 그런데 이들에게서는 그런 인식을 전혀 찾아볼 수 없었습니다. 그것을 확신시키는 장면이 예수님께서 잡히시는 날 밤에 일어난 자리다툼입니다.

녹22:24또 저희 사이에 그 중 누가 크냐 하는 다툼이 난지라

예수님께서는 지금 십자가에서의 죽음을 말씀하고 계시는데, 이들은 예수님께서 이스라엘의 왕이 되시는 줄 알고 권력 암투를 벌였습니다. 이러니 이 틈을 사탄이 그냥 지나치지 않습니다. 이런 자들을 송사하고 시험하는 것을 허락받았습니다.

이때에라도, 이렇게 악한 자의 손에 넘겨졌고 경고가 내려진 이 시점이라고 할지라도 이들이 기도했다면, '악한 자에게서 건져 주십시오'라는 주기도문의 기도를 했더라면 그렇게까지 처절하게 실패하지는 않았을 것입니다. 그런데 이들은 위에서 보았듯이 '**슬픔으로 인하여 잠**' 들었습니다.

여기서 우리가 보듯이 시험에 들지 않기 위해서 기도해야 합니다. 비록 악한 자의 손에 넘어가서 악에 빠진 상황이라고 하더라도 건져 주시기를 간청해야 합니다. 슬픔으로 인하여 잠들어 있어서는 안 됩니다. 환난과 역경, 시련은 다가옵니다. 그렇다고 다 시험에 들고 다 넘어지는 것은 아닙니다. 다가온 환난을 예수님처럼 이기고 넘어갈 수도 있습니다. 시험에 들고 악한 자의 손아귀에 빠졌더라도 완전히 넘어져버리지 않고 능히 승리할 수 있습니다.

그러기 위해서는 기도해야 합니다. 절망과 슬픔 때문에, 걱정과 염려 때문에 한숨 속에서 뒤척일 것이 아니라 기도를 시작해야 합니다. 이 일을 통하여 하나님께서 이루고자 하시는 일이 무엇인지 깨닫기 위하여 기도해야 합니다. 마음에 심히 고민되고 그로 인하여 죽게 되었다고 하더라도 기도해야 합니다. 그렇게 기도하면 천사가 와서 돕고 더욱 힘쓰고 애써서 간절히 기도할 수 있게 됩니다. 그래서 환난 속에서도 흔들리지 않고 넘어지지 않고 능히 승리할 수 있게 됩니다.

; 기도를 열심히 하면 환난이 없어지나?

기도를 열심히 한다고 해서 환난이 없어지는 것이 아닙니다. 그 환난을 능히 이길 힘을 주셔서 승리할 수 있게 된다는 말씀입니다. 없어지기를 바라는 것은 하나님 나라 군사가 바랄 것이 아닙니다. 이는 주사 맞는 것이 두려워서 도망가는 것과 같은 유아적 바람에 불과합니다.

우리는 환난을 만나서 순간순간 흔들리는 자신을 발견하게 될 것입니다. 그러면서 내가 얼마나 연약한 존재인지 확인하며 성령님을 의지하고 나감을 배우게 될 것입니다. 이러한 경험들은 성령님의 인도하심의 실증이 되고, 이런 실증들이 쌓이면 나중에는 '시3:1**천만인이 나를 둘러치려 하여도 나는 두려워 아니하리이다**'라는 시편 기자의 노래가 자신의 노래가 될 것입니다.

넘어져도 그 속에서 얻는 은혜가 있고 유익이 있습니다. 그 속에서 깨닫게 되는 것들도 너무도 소중하고 가치 있습니다. 시험에 들어서 악한 자의 손에 올무 잡혀 있게 되었다고 하여도 그 속에서 건져내심을 경험하게 된다면 대단히 드라마틱한 놀라운 경험, 살아계신 하나님 손길을 확인하게 될 것입니다. 마치 청룡열차에 탄 것과 같은 짜릿한 경험일 수도 있습니다. 그런 경험은 하나님에 대한 확고한 믿음을 심어줍니다.

　하지만 악한 자의 손에 떨어져 완전히 넘어져 버릴 수도 있습니다. 그렇더라도 부르심을 받은 자들에게 모든 것이 합력하여 선을 이루게 되어 있습니다(롬 8:28). 베드로도 환난 중에 시험에 넘어져서 악한 자 손에서 밀 까부름을 당했으나 결국 위대한 사도로서 초대교회를 이끌었습니다. 이와 같이 우리가 넘어진다고 해도 다시 일으키실 것입니다. 그 넘어진 경험이 우리를 더욱 충성스럽게 할 것입니다.

　그러나 넘어지지 않고 승리함으로 얻게 되는 은혜와 유익은 훨씬 큽니다. 그렇기에 넘어지지 않도록 힘써야 합니다. 악한 자 손에서 건져주시기를 기도해야 합니다. 악한 자 손에 떨어지지 않도록 노력해야 합니다. 환난 속에서라도 시험에 들지 않도록 기도해야 합니다.

13 주기도문 (9)

- 나라와 권세와 영광이 영원히

마태복음 6:9-13

----

⁹그러므로 너희는 이렇게 기도하라 하늘에 계신 우리 아버지여 이름이 거룩히 여김을 받으시오며 ¹⁰나라이 임하옵시며 뜻이 하늘에서 이룬 것같이 땅에서도 이루어지이다 ¹¹오늘날 우리에게 일용할 양식을 주옵시고 ¹²우리가 우리에게 죄 지은 자를 사하여 준 것같이 우리 죄를 사하여 주옵시고 ¹³우리를 시험에 들게 하지 마옵시고 다만 악에서 구하옵소서(나라와 권세와 영광이 아버지께 영원히 있사옵나이다 아멘)

우리는 이제 예수님께서 가르쳐 주신 기도의 마지막 부분에 도착했습니다. 주기도는 신자들에게 대단히 중요합니다. 이 세상 삶의 성격과 방향성에 대한 이해와 고백, 그리고 사명을 수행하기 위한 보급물자 요청이 이 기도의 핵심입니다. 그렇기에 하나님 나라 백성이며 군사로서의 인식이 있는 자들에게 주기도는 위로가 아니라 필수입니다. 신자들은 주기도를 더욱 깊이 이해하기 위해서 노력해야 합니다. 주기도의 내용이 내면화 될 수 있도록 힘써야 합니다.

; 괄호(   ) 안에 있는 본문의 사본적 가치

오늘 본문은 다른 본문들과는 다르게 쓰여 있습니다. 괄호(   ) 안에 쓰여 있습니다. 이처럼 괄호 안에 쓰인 이유는 어떤 사본에는 기록되어 있고, 어떤 사본에는 없기 때문입니다. 우리가 보고 있는 성경은 그저 하늘에서 뚝 떨어진 것이 아닙니다. 성경의 저자들이 기록하고 그것을 손으로 써서 복사함으로써 흩어져 있는 교회들이 볼수 있었습니다. 이런 과정 중에서 필연적으로 오류가 생겼고 사본들 사이에 차이가 나타났습니다. 그래서 많은 사람들은 성경에도 오류가 있기에 신적 문서, 하나님 말씀으로 믿을 수가 없다고 합니다.

하지만 이 사본 간 차이는 미미합니다. 역사적 시간과 정황을 고려하지 않은 상태, 논리적 진공 상태에서 본다면 성경은 오류가 존재할 가능성이 높다고 하겠지만 각 지역에서 시대적 편차를 두고 발견되는 사본들이 거의 99% 이상이 일치하고 있습니다. 나머지 1%도 안 되는 부분만, 그야말로 인간적 실수로 인하여 일치하지 않는 것을 생각할 때에 기적이라고 말할 수 있습니다. 오히려 2000년 이상의 엄청난 시간을 이어올 수 있었다는 사실, 그 중에 1000년 이상의 시간 동안 별다른 인쇄술 없이 필사로만 이루어졌음에도 사본들 간의 차이가 거의 없다는 사실은 신적 섭리라고 할 수 밖에 없습니다. 도리어 하나님께서는 왜 자신의 말씀을 전달하는 과정을 오랜 세월 동안 오직 인간의 손에만 맡겨 놓으셨는지를 고민해 봐야 합니다.

아무튼 오늘 본문 부분이 기록된 사본은 후기 사본들로 판단됩니다. 오늘날 가장 보편적 헬라어 원문 성경인 nestle-aland 판에서는 이 본문이 빠져 있습니다. 누가복음 11:2-4에 나타나는 주기도문에서도 이러한 뉘앙스가 전혀 포함되지 않았습니다. 이처럼 성경 내의 정합성과 사본학적 비평에 의하여 사본적 권위가 상당히 떨어짐에도 불구하고 우리는 이 본문을 성경에서 빼지 않고 오히려 온 기독교회가 함께 드리는 기도문에 포함시켰습니다. 과연 왜 이렇게 했을까요?

첫째, 이것이 성경과 역사 속의 교회들이 가지고 있는 보편적 기도 스타일이었기 때문입니다. 역사 속의 교회는 기도 말미에 하나님과 그의 나라에 대한 찬양, 송영을 덧붙여서 기도 했습니다. 성경의 몇몇 구절들을 보겠습니다.

대상29:22여호와여, 광대하심과 권능과 영광과 이김과 위엄이 다 주께 속하였사오니 천지에 있는 것이 다 주의 것이로소이다.

단7:27나라와 권세와 온 천하 열국의 위세가 지극히 높으신 자의 성민에게 붙인 바 되리니 그의 나라는 영원한 나라이라 모든 권세 있는 자가 다 그를 섬겨 복종하리라

계4:11우리 주 하나님이여 영광과 존귀와 능력을 받으시는 것이 합당하오니 주께서 만물을 지으신지라 만물이 주의 뜻대로 있었고 또 지으심을 받았나이다.

이처럼 주기도에 붙여진 송영과 비슷한 스타일은 많이 발견됩니다. 그 뿐 아니라 성경 이외의 자료들에서도 교회들이 이런 송영을 붙이는 것이 일반적 모습이었음을 알 수 있습니다. 그러므로 신약의 교회가 예수님께서 가르치신 이 기도를 기도문으로 사용하는 초기부터 이미 오늘 우리와 동일하게 오늘의 구절을 포함하였을 가능성이 훨씬 높습니다.

둘째, 예수님께서 어떤 목적을 가지고 주기도를 가르치셨느냐하는 것을 생각했기 때문입니다. 예수님께서 주기도를 가르치시면서 이 기도에 다른 어떤 것도 붙여서 쓰지 말고 오직 이 기도를 그대로 기도문으로 만들어서 늘 반복하고 암송하라고 하신 것이 아닙니다. 주기도가 가르쳐주고 있듯이 하늘 아버지의 아들 된 위치에서 하나님 나라를 시현하는 자로서의 갈망을 담아서 기도하도록 하셨습니다. 그렇기에 예수님께서 가르치신 기도를 그냥 그대로 받아서 반복하는 것보다는 자신의 기도로 받아들고 자신의 기도가 되도록 신자들

의 위치에서 이 기도를 덧붙이는 것이 오히려 우리 기도로써 더 자연스럽습니다.

그러므로 이 송영 부분은 예수님께서 가르치신 기도에 대한 반향, 산울림과 같은 울림으로 올리는 것이라고 생각해도 좋을 것입니다. 예수님께서 이렇게 저렇게 기도하라고 가르치셨으면 교회는 '아멘, 과연 그렇습니다. 나라나 권세나 영광은 다 아버지께 영원히 있나이다.' 하고 반향으로 대답할 수 있습니다.

그렇기에 이 부분이야말로 예수님의 기도를 진정으로 우리의 기도가 되게 하고 있는 것입니다. 우리 기도가 예수님께서 가르치신 기도를 그저 반복적으로 암송하는 것에 머무르는 것이 아니라 '우리의 기도가 되고 나의기도'가 되어야 함을 인식한 사도교회의 반응이 바로 이 송영 부분입니다. 주기도라고 할지라도 결코 화석화 된 주문으로 받아들이지 않으며, 성경이라고 할지라도 굳어 있는 경전으로 이해하고 있지 않았음을 보여줍니다.

교회는 성경의 원본을 잃어버렸습니다. 대신 수많은 복사본을 남겼습니다. 그 당시라고 원본을 중요하게 여기지 않았고, 원본의 가치를 몰랐겠습니까? 그런데도 사라졌습니다. 이것은 참으로 대단한 것입니다. 아마도 원본은 너무 열심히 읽고, 복사하여서 쉽게 낡았을 것입니다. 교회가 성경 원본을 망친 것입니다. 성경의 원본이 없어서 문제가 아닙니다. 성경의 원본이 존재했다면 더 좋을 것이라고 생각하기 쉽지만 오히려 성경 원본이 존재했다면 그것을 대단한 성물로 여기면서 숭배했을 것입니다. 그리고 자연스럽게 화석처럼 굳어져 버린 사고를 하였을 것입니다.

; 대개, 나라, 권세, 영광, 영원히

이제 본문으로 들어가 보겠습니다. 먼저 볼 것은 마태복음 번역에서는 빠져 있으나 우리의 주기도문에는 들어 있는 '대개'라는 말입니다. 일반적으로 이 말은 '대부분, 대체로'라는 뜻으로 오해될 수 있습니다. 제가 아주 어렸을 적에는 '큰 세계'라는 뜻일 것이라고 혼자서 생각하곤 했습니다. 이런 오해의 소지가 있는 단어가 여기에 쓰인 이유는 무엇일까? 여러 가지 설명이 있습니다. 가장 보편적 설명은 중국어 성경이 헬라어 원어 '호티($\ddot{o}\tau\iota$)'를 번역하면서 한자 '大概'를 썼는데 이를 한글로 번역하면서 마땅한 단어를 찾지 못하여 그대로 '대개'로 번역했다는 것입니다.

이 헬라어 원어 '호티($\ddot{o}\tau\iota$)'의 뜻은 '왜냐하면, 왜 그런고 하니'입니다. '이 기도를 왜 드리는가 하면' 이런 뜻이 됩니다. 즉, '이렇게 기도를 드리는 이유는 나라와 권세와 영광이 하나님 아버지께 영원히 있기 때문입니다.'라는 것이 이 송영의 의미입니다.

여기서 '나라'란 하나님의 통치 대권을 말합니다. 국가의 삼대 요소는 영토, 국민, 주권입니다. 하지만 성경에서의 나라, '바실레이아'는 통치의 핵심입니다. '이렇게 기도를 올리는 이유는 하나님께서 통치 대권을 가지셨기 때문입니다.' 하나님의 영원하신 통치 대권이 시행되고 있음을 인정하며, 그 통치하심에 부합된 백성으로서 이 기도를 올리고 있음을 분명히 고백하고 있습니다.

또한 '**권세**'라는 단어는 우리말로는 권위, 권력과 세력을 의미합니다만 원어로는 능력과 관련된 용어입니다. 전능하신 하나님에 대한 고백입니다. 그렇기에 권능이라는 단어가 더 적합합니다. '이렇게 기도를 올리는 이유는 하나님께서 통치 대권을 행사하실 능력이 있으시기 때문입니다.' 그 능력을 의심치 않고 믿는다는 고백이며 찬양입니다.

그리고 '**영광**'이란 하나님의 거룩하신 명예를 말합니다. '이렇게 기도를 올리는 이유는 하나님께서 모든 찬송과 영광을 받으시기 때문입니다.' 하나님께서는 통치 대권을 가지셨으며 대권을 행사하심에 능력이 크시기에 모든 찬송과 영광을 받으시기에 합당하시다는 고백과 찬양입니다.

마지막으로 '**영원히 있사옵나이다**'는 말은 이 모든 것, 통치 대권과 권능과 영광이 추호의 변함이 없이 거룩한 안정성으로 지속될 것임을 의미합니다. 있다가 없어지는 것이 아니라 언제든지 있는 까닭에 거기에 잇대어 서 있는 것이 한없이 안정적임을 믿고 고백하는 것입니다.

'**아멘**'이란 '진실로 그렇습니다. 그러니까 그 응답이 내게 오기를 바랍니다.' 하는 간절한 소원의 말입니다. '나라와 권능과 영광이 아버지께 있습니다.' 하고 믿음의 고백을 하였을 때에는 그것이 그냥 객관적 서술로 끝나는 것이 아닙니다. 이러한 내용은 객관적 사실인 동시에 나와 깊은 관계가 있기에 '아멘, 진실로 그렇게 되기를 소원합니다.' 하고 아뢰는 것입니다. 이러한 사실이 드러나는 것이 나의 소원이며, 그렇기에 나는 이러한 사실이 눈에 보이든 보이지 않든지 이것에 근거하여 살아가는 것입니다.

'아멘'이라고 했으면 그렇게 될 것으로 믿고(예상하고) 모든 일을 해야 합니다. '아멘'이라고 하고서도 믿는다고 고백한 사실과 전혀 관계없이, 아니 그렇게 될 것을 예상하는 것과는 정 반대로 행동해서는 안 됩니다. 하나님의 통치 대권이 지금 여기에 있다고 믿는다면 그 통치하심이 어떻게 시현되는지 살펴보아야 합니다. 또한 어떻게 이 세상을 경영해 나가실지 연구하고 깨달아야 합니다. 죄악과 불의를 심판하실 것을 알고서 지금 당장에는 불가능하게 보인다고 하여도 의의 승리를 믿으면서 의에 편에 서야 합니다. 그래야 믿음이지 그렇지 않으면 믿는다는 말은 다 거짓입니다.

; 기도의 목적과 방향성을 잡아주는 송영

이처럼 송영은 우리 기도의 목적과 방향성을 분명히 지정해 주고 있습니다. 자신들의 기도가 어떻게 하나님 나라와 권능과 영광과 연결되어 있는지 아주 분명하게 인식하면서 기도를 드렸던 구약의 예를 보겠습니다. 먼저 다니엘 9:18-19입니다.

단9:18나의 하나님이여 귀를 기울여 들으시며 눈을 떠서 우리의 황폐된 상황과 주의 이름으로 일컫는 성을 보옵소서 우리가 주의 앞에 간구하옵는 것은 우리의 의를 의지하여 하는 것이 아니요 주의 큰 긍휼을 의지하여 함이오니 19주여 들으소서 주여 용서하소서 주여 들으시고 행하소서 지체치 마옵소서 나의 하나님이여 주 자신을 위하여 하시옵소서 이는 주의 성과 주의 백성이 주의 이름으로 일컫는 바 됨이니이다

하나님의 큰 긍휼과 보호하심이 필요한 이유와 근거가 다름 아니라 하나님 이름이 거룩히 여김을 받아야 하기 때문이라고 기도하고 있습니다. 주의 이름으로 일컫는 성과 주의 이름으로 일컫는 백성이 소망이 없는 상황을 벗어나지 못한다면 하나님 이름이 능욕을 받게 되기 때문에 기도를 들어주시기를 소원하고 있으며 그렇기에 응답될 것을 확신할 수 있던 것입니다. 이번에는 역대하 14:8-12입니다.

대하14:8아사의 군대는 유다 중에서 큰 방패와 창을 잡는 자가 삼십만이요 베냐민 중에서 작은 방패를 잡으며 활을 당기는 자가 이십팔만이라 다 큰 용사더라 9구스 사람 세라가 저희를 치려 하여 군사 백만과 병거 삼백 승을 거느리고 마레사에 이르매 10아사가 마주 나아가서 마레사의 스바다 골짜기에 진치고 11그 하나님 여호와께 부르짖어 가로되 여호와여 강한 자와 약한 자 사이에는 주밖에 도와줄 이가 없사오니 우리 하나님 여호와여 우리를 도우소서 우리가 주를 의지하오며 주의 이름을 의탁하옵고 이 많은 무리를 치러 왔나이다 여호와여 주를 이기지 못하게 하옵소서 하였더

니 [12]여호와께서 구스 사람을 아사와 유다 사람 앞에서 쳐서 패하게 하시니 구스 사람이 도망하는지라

유다의 군사는 약 58만에 불과하고 무기도 재래식 무기밖에 없는 상태입니다. 반면에 구스의 군사는 백만의 군사와 최신식 무기인 병거 삼백 승이 있었습니다. 그 당시 병거는 오늘날의 전차에 맞먹는 엄청난 무기였습니다. 군사의 숫자로 보나 무기로 보나 승산이 없는 전쟁입니다. 하지만 유다는 하나님 나라이기에 구스 사람들에게 질 수 없습니다. 하나님 이름이 영광을 받으셔야 하기 때문에 유다가 져서는 안 됩니다. 이러한 분명한 인식이 있기에 '우리를 이기지 못하게 하옵소서'.가 아니라 '주를 이기지 못하게 하옵소서.'라고 기도할 수 있던 것입니다.

이와 같이 우리의 송영도 우리가 어째서 이 기도를 하는지 이유를 가르쳐 주고, 한정해 줍니다. 우리가 기도할 때에 처음에는 비록 내 필요와 욕구를 구하러 들어간다고 할지라도 이내 내 사정과 기도를 받아주시는 그 하나님을 차츰차츰 생각하게 되어서 결국에는 크신 하나님, 영원하신 하나님, 영광의 하나님, 전능하신 하나님, 통치하시는 하나님이심을 자꾸 깨닫게 되어야 합니다. 결국 기도란 하나님의 거룩하신 속성을 되새기며 이것을 명상하는 데로 이르러야 합니다.

우리는 기도의 정점을 응답을 받는 것이나 아니면 신비주의적 느낌, 황홀경 쪽으로 이해하기 쉽습니다. 기도란 그런 것이 아닙니다. 기도하는 동안에 하나님의 어떠하심에 대한 순수하고 깊은 이해의

정수를 누리는 시간입니다. 이런 바른 기도를 통하여 하나님의 하나님 되심과 지금 나의 관계성에 대한 깊은 이해에 도달합니다. 때로는 이 깨달음이 나의 간구하는 바를 분명히 이루어 주실 것이라는 확신을 줍니다. 때로는 나의 간구가 참으로 쓸데없는 요구이거나 걱정이라는 사실을 깨닫게 됩니다.

소리를 지르거나 머리를 흔들고 몸을 흔들면서 장시간 혼미한 상태나 들떠 있는 상태에 도달하여 받게 되는 모호한 정서적 경향성을 기도응답이나 확신이라고 주장해서는 안 됩니다. 그와 반대로 하나님의 하나님 되심과 하나님 말씀인 성경, 그리고 이 세상의 본질과 구조에 대한 깊은 명상과 통찰을 통하여 냉철하고도 논리적 사고 가운데 하나님의 응답과 확신이 나타나는 것입니다.

; 송영을 통하여 보는 주기도

이제 송영을 토대로 이 주기도를 다시 한 번 조망함으로써 주기도문을 마치고자 합니다.

'하늘에 계신 우리 아버지여 이름이 거룩히 여김을 받으시오며, 나라이 임하옵시며 뜻이 하늘에서 이룬 것같이 땅에서도 이루어지리이다.'

이 기도를 드리는 이유는 바로 하나님 나라와 권능과 영광을 하나님께서 영원히 가지고 계시기 때문입니다. 이것을 분명히 알고 있는 하나님의 백성은 그렇기에 당연히 그 아는 바에 합당하게 행해야 하겠다는 각오를 이처럼 기도로 올리는 것입니다.

'오늘날 우리에게 일용할 양식을 주옵소서'

내가 잘 먹고 잘 살아야겠다는 개인적 욕구와 욕심을 충족시켜 주시기를 구하는 것이 아닙니다. 내가 먹고 사는 것과 하나님 나라와 하나님 권능과 하나님 영광이 늘 관계가 있기 때문에 이렇게 기도하는 것입니다. '나는 그 나라 때문에 먹습니다. 그렇기에 하나님께 양식의 필요를 구합니다. 나의 먹을 것을 공급하시며, 먹고 행할 능력을 주심까지도 하나님의 통치, 하나님의 권능에 달려 있습니다.' 또한 그렇게 하나님 나라 때문에 먹고자 하는 자들에게 하나님께서 양식의 문제를 하나님 권능의 손으로 이루어 주심으로 그 백성 됨을 분명히 확인하고, 이것이 세상에 드러남으로 저희도 하나님께 영광을 올리며, 세상 앞에도 하나님의 영광스러우심을 나타내십니다.

'우리의 죄를 사해 주옵소서'

우리가 죄가 있어서는 하나님을 뵈올 수 없고, 하나님과 인격적으로 교제할 수 없습니다. 하나님께서만 우리의 죄를 사해 주실 권능을 가지십니다. 이처럼 하나님께서 우리의 죄를 사해 주심으로 말미암아 죄 사함 받은 자로서의 모습을 세상 앞에 드러내며 하나님의 영광을 드러내야 하겠다는 각오와 심정을 아뢰는 것입니다. 죄 사함 받았음을 다른 사람을 용서함으로써 증명하며, 더 나가서 그에게 하나님의 용서가 임하기를 기도함으로써 하나님 나라와 권능의 어떠함이 세상 앞에 드러나고 하나님의 영광이 나타나기를 소원하는 기도입니다.

'시험에 들지 않게 하시옵고 악에서 건져 주옵소서'

이 간구도 이 송영의 관점에서 이해해야 합니다. 시험에 들거나 악에 빠져서는 죄와 그것을 고소하는 자에게 끌려 다니느라고 하나님 나라 백성으로서의 자태를 온전히 드러내지 못하고 하나님 나라의 진전에 우리를 온전히 드릴 수 없기 때문에 이 기도를 올리는 것입니다. 하나님께서 권능으로 우리를 시험과 유혹에서 늘 건지셨으며, 언제든지, 얼마든지 우리를 그 시험과 악에서 건지실 것임을 확신합니다.

하지만 시험을 만나지 말게 하여 달라고 기도하는데도 자주 시험을 만납니다. 이는 시험이 우리를 만나러 오는 것보다 대부분의 경우 우리가 시험을 만나러 찾아간다는 것을 의미합니다. 그럼에도 불구하고 시험을 찾아가서 악에 빠져 허우적거리는 우리를 하나님께선 은혜로 건져 주십니다. 우리가 '악에서 건져 주십시오'라고 기도하기 때문입니다. 하나님께서 얼마나 큰 긍휼하심으로 당신의 백성을 대하시는지 깨닫게 되는 부분입니다. 하나님께서는 우리의 모든 기도를 들어 주십니다. 세상은 이러한 모습으로 인하여 하나님의 살아계심을 증거 받고 영광을 돌리게 됩니다.

14 너희가 용서하면 너희를 용서하시려니와

마태복음 6장 14-15절

----

^{14}너희가 사람의 과실을 용서하면 너희 천부께서도 너희 과실을 용서하시려니와 ^{15}너희가 사람의 과실을 용서하지 아니하면 너희 아버지께서도 너희 과실을 용서하지 아니하시리라

　어떻게 본문을 신학적으로 이해해야 하는가에 대해서는 '우리 죄를 사하여 주옵시고'를 설명하면서 말씀드렸습니다. 이번 본문은 하나님의 용서가 우리 행위, 우리 용서에 의하여 결정되는 것처럼 이해될 수 있으나 이는 수사학적 표현입니다. 일반적으로 해가 진다고 하지, 지구의 자전으로 태양이 반대쪽으로 돌아가고 있다고 말하지 않는 것과 같습니다. 아이가 차 안에서 달을 보며 "달이 바퀴가 달렸나봐요. 우리를 쫓아와요." 라고 신이 나서 이야기하면 빙그레 웃으며 "그래, 굉장히 빠르네. 아무리 도망쳐도 금방 따라오겠는데" 라고 말하지, 정색을 하면서 "저건 달이 너무 멀리 있기 때문에 위치 변화를 인지하지 못하는 거야" 라고 말하지 않는 것과 마찬가지입니다.

　우리는 그리스도인이라고 하면서도 용서가 쉽지 않습니다. 주기도를 매주, 매일 하고 있으면서도 용서는 쉽지 않습니다. 예수님께서는 이런 우리를 아시기에 수준에 맞춰서 '네가 용서하지 않으면, 하나님께서도 너를 용서하지 않으신다.'라고 말씀하신 것입니다. 우리가 어렸을 적에 "너 그렇게 말 안 들으면 호랑이한테 잡아가라고 한다."는 어른들 말씀과 같습니다. 그런데 거기에다 대고서 "에이, 거짓말. 호랑이가 어디 있다고 그러세요. 괜한 거짓말하지 마세요." 그런다면? 그 다음은 상상에 맡깁니다.

우리는 하나님께 용서를 받았기 때문에 용서가 가능한 사람들입니다. 비록 본문이 그 반대인 것처럼 보인다고 해도 신학적으로 살펴보면 이것은 아주 분명합니다. 본문이 이런 방식으로 서술되어 있는 이유는 성경은 인격자가 인격자에게 진리를 전달하는 언어이기 때문입니다. 우리는 용서를 받은 사람이기에 용서하지 않을 수 없습니다. 만일 우리가 다른 사람들을 용서하지 않으면서 하나님께 용서를 구하는 것은 조소의 대상이 될 것입니다.

; 주기도의 결론

본문은 주기도에 이어서 바로 나옵니다. 기도할 때에 외식하거나 중언부언해서는 안 되고 바른 기도를 해야 한다고 주기도를 통해 가르치셨습니다. 그리고 이런 바른 기도를 한 자는 마땅히 용서하는 자로 나타난다는 것입니다. 이렇게 보면 이번 본문은 기도 문제의 결론이라고 할 수 있습니다.

하나님께서는 우리의 바른 기도를 들어 주십니다. 우리는 주기도를 통해서 일용할 양식을 구하고, 죄의 용서도 구하고, 시험을 만나지 않게 해 주시기를 구하고, 악에서 건져 주시기를 구합니다. 그리고 하나님께서는 이 모든 기도를 들어 주십니다. 이러한 은혜를 왜 우리에게 베풀어 주시는가? 바꾸어 말하면 하나님께서는 내게 무엇을 요구하시기 위해 이런 은혜를 내게 주시는가? 입니다. 자신을 알아보고 자신에게 인사를 잘한다는 이유만으로 용돈을 주는 이웃집 할아버지와 비슷하게 하고 계신가? 그렇지 않습니다. 하나님께서 우리 기도에 응답하시고, 우리에게 은혜롭게 행하시는 이유는 바로 우리를 용서하는 자로 만드시기 위함입니다.

하나님께서는 공의로우십니다. 그 분이 만든 세상도 당연히 공의에 부합되어야 합니다. 하나님께서 죄에 대해 심판하시고 형벌하시는 이유는 마음이 옹졸하시기 때문이 아니라 공의를 시행하시기 위함입니다. 그렇기에 죄가 있는 인간은 죄의 값인 사망을 받아야 하며, 죄가 있는 세상은 마땅히 멸망당해야 합니다. 하지만 하나님의 공의는 시간을 초월하여 존재하시기에 시간에 구속되지 않으십니다. 그리하여 은혜롭게도 공의의 심판을 늦추심으로 역사의 진행이 가능케 하셨습니다.

이렇게 진행되는 역사 속에서 죄는 더욱 죄를 양산하고, 죄인은 죄인을 낳을 뿐입니다. 더욱이 사탄은 자신이 용서받지 못하기에 그의 최고 목표는 세상과 함께 멸망하는 것입니다. 한시라도 빨리, 한 사람이라도 더 멸망으로 끌고 들어가려는 의지를 가지고 있고, 이를 부추기고 있습니다.

그러나 하나님께서는 이 죄악을 이어가고 증가케 하는 역사의 정점에 예수 그리스도를 통한 대속(代贖)을 시행하셨습니다. 그리하여 이 땅 위에 용서받은 자가 존재하게 하셨습니다. 그리고 이들에게 용서를 수행하고 전파케 하셨습니다. 죄인의 증가와 죄의 증가 속에서 벗어나지 못하여 결국 모두 멸망으로 귀결될 수밖에 없던 세상에 죄 용서의 소망, 참 생명에의 소망이 존재하게 된 것입니다. 이것이 바로 영적 전쟁이며 그리스도인의 군사 됨입니다.

사탄은 '너는 나와 함께 죽을 수밖에 없다.'고 속삭입니다. 힘을 합하여 더욱 하나님을 거스르자고 부추깁니다. 하나님의 용서란 존재하지 않고 원인과 결과의 법칙만 존재한다고 속삭입니다. 하지만 사람은 하나님께서 사랑하는 존재이기에 용서받을 수 있습니다. 문제는 사람들이 이것을 믿지 않는다는 것입니다. 아니 믿고 싶어도 진정으로 용서 받은 경험이 없기에 믿을 수 없습니다. 이런 세상이 진정한 용서를 경험할 수 있으려면 신적 용서를 경험한 그리스도인들의 용서가 필요합니다. 그리스도인들의 용서야말로 자살 의지로 결성된 사탄과 세상의 연합을 깨뜨릴 강력한 무기입니다. 그리스도인들이 전달하는 신적 용서는 죄악의 근원에 대한 진정한 폭력입니다.

; 이 세상 안에서 그리스도인의 사명

이번에는 하나님 나라 백성으로서 용서라는 전투를 실행하는 모습에 대한 구약의 그림을 보도록 하겠습니다. 레위기 6:25-30입니다.

레6:25아론과 그 아들들에게 고하여 이르라 속죄제의 규례는 이러하니라 속죄제 희생은 지극히 거룩하니 여호와 앞 번제 희생을 잡는 곳에서 그 속죄제 희생을 잡을 것이요 26죄를 위하여 제사 드리는 제사장이 그것을 먹되 곧 회막 뜰 거룩한 곳에서 먹을 것이며

²⁷무릇 그 고기에 접촉하는 자는 거룩할 것이며 그 피가 어떤 옷에 든지 묻었으면 묻은 그것을 거룩한 곳에서 빨 것이요 ²⁸그 고기를 토기에 삶았으면 그 그릇을 깨뜨릴 것이요 유기에 삶았으면 그 그릇을 닦고 물에 씻을 것이며 ²⁹그 고기는 지극히 거룩하니 제사장의 남자마다 먹을 것이니라 ³⁰그러나 피를 가지고 회막에 들어가 성소에서 속하게 한 속죄제 희생의 고기는 먹지 못할찌니 불사를 찌니라

  속죄제란 죄를 면제받기 위한 가장 중요하고 기본적 제사입니다. 구약의 제사는 예수 그리스도의 대속 사역의 모형이기도 합니다. 그렇기에 이 제사 형식 속에는 죄와 죄의 처리에 대한 이미지가 강렬하게 드러납니다. 위의 본문을 이런 맥락에서 살펴본다면 여러 가지 놀라운 사실을 발견할 수 있습니다. 여기서 제물은 제사 드리고자 하는 자의 죄가 전가되어 죄로 오염되어 있습니다. 그렇기에 고기의 상당 부분은 불사르게 되고, 피가 묻은 옷은 빨아야 합니다. 또한 그 고기를 삶았던 그릇도 처리해야 합니다. 재미있는 것은 그릇이 토기일 때는 깨뜨리고 유기일 때는 씻기만 한다는 것입니다. 고기에서 나오는 국물에 죄의 분자가 들어 있어서 국물이 스미는 토기 그릇은 다시 쓸 수 없어서 깨뜨려버리는 것이며, 유기는 국물과 함께 죄가 스며들지 않기에 닦아서 쓸 수 있다는 이미지가 상징화 된 것입니다.

  제가 주목하고자 하는 것은 이 죄에 오염된 고기를 제사장들이 나누어 먹게 되어 있다는 것입니다. 이것은 화목제에서와 같이 양식이

나 소득으로 제사장들에게 나누어 주는 사례가 아닙니다. 이것을 회막 뜰에서 먹어야만 합니다. 회막 뜰은 제사장들의 직장입니다. 즉, 속죄제의 고기를 먹는 일은 사례가 아니라 사역입니다. 먹어치워야 하는 일입니다. 죄인의 죄가 전가되어 죄로 오염된 제물을 일부는 불사르고 일부는 이렇게 제사장들이 먹어서 소화시키도록 되어 있습니다. 제물의 처리가 죄에 대한 처리라고 볼 때 일부를 불살라 없애면서 동시에 제사장들이 먹어서 없애는 것은 하나님의 죄 사하심의 측면에서 인간 제사장들이 참여하고 있는 것입니다. 제사장들은 고기를 먹는다기보다는 죄를 먹어서 소화시켜서 없애고 있는 것입니다.

신약의 그리스도인들은 모두 '왕 같은 제사장'입니다. 그렇기에 구약의 제사장들이 행하던 사역을 감당해야 합니다. 하나님의 사죄하심에 참여하여 죄를 소화해 내야 합니다. 다른 사람들의 죄를 용서하고, 그들의 죄악을 감당하고 소화를 해내야 합니다. 저 사람이 내게 지은 죄에 대해서 이만큼은 내가 먹어서 치워버린다는 생각을 해야 합니다. 폭력이 폭력을, 원수가 원수를, 죄악이 죄악을 낳는 이 세상의 성격으로 그리스도인들에게 폭력과 악행, 죄악을 가한다고 하여도 이를 먹어치워서 마치 없던 것처럼 만들어내야 합니다.

; 용서할 수 있는 이유

예수님께서는 우리가 용서를 행해야 한다는 사실을 주기도 안에서도 가르치셨고 주기도의 결론으로도 강조하셨습니다. 우리가 살펴보았듯이 하나님 나라 군사로서 전투를 한다는 것은 곧 신적 용서를 행하는 것입니다. 이런 사실들을 확인하였고 깨달았습니다. 우리는 용서가 감정의 문제가 아니라 사실의 문제, 일만 달란트를 탕감 받은 것과 같이 무한한 하나님의 용서를 받은 자로서 요구 받는다는 사실의 문제임을 압니다. 또한 그리스도인들에게 맡기신 사명의 문제인 것도 인정합니다. 그런데 문제는 이런 확인에도 불구하고 우리에겐 용서가 쉽지 않다는 사실입니다.

하나님께서는 이렇게 말씀하십니다. 로마서 12:14-18입니다.

롬12:14너희를 핍박하는 자를 축복하라 축복하고 저주하지 말라 15즐거워하는 자들로 함께 즐거워하고 우는 자들로 함께 울라 16서로 마음을 같이하며 높은 데 마음을 두지 말고 도리어 낮은 데 처하며 스스로 지혜 있는 체 말라 17아무에게도 악으로 악을 갚지 말고 모든 사람 앞에서 선한 일을 도모하라 18할 수 있거든 너희로서는 모든 사람으로 더불어 평화하라

너무하다는 생각이 듭니다. 아니 핍박하는 자를 저주하지 말고 축복하라니 어떻게 할 수 있습니까? 도대체 왜 그렇게 해야 한단 말입니까? 이 질문에 대해서 19-20절에 답을 해주셨습니다.

롬12:19내 사랑하는 자들아 너희가 친히 원수를 갚지 말고 진노하심에 맡기라 기록되었으되 원수 갚는 것이 내게 있으니 내가 갚으리라고 주께서 말씀하시니라 20네 원수가 주리거든 먹이고 목마르거든 마시우라 그리함으로 네가 숯불을 그 머리에 쌓아 놓으리라

하나님께서 우리 원수에게 진노하시고 악행을 갚아주시겠다고 약속하셨습니다. 이 말씀을 믿어야 합니다. 믿는다는 것은 정말 그렇게 될 것으로 믿는 것입니다. 그것이 분명히 현실로 도래할 것임을 온전히 인정하고 거기에 따라 행동해 나가는 것이 믿는 것입니다. 그렇지 않으면 안 믿는 것입니다. 우리가 용서하지 못하는 것은 하나님께서 보응하시겠다는 것도 안 믿는 것이요, 내가 하나님 나라 군사라는 것도 인정하지 않는 것입니다. 그러나 다음의 말씀을 보십시오. 이것은 사실입니다.

시7:11하나님은 의로우신 재판장이심이여 매일 분노하시는 하나님이시로다 12사람이 회개치 아니하면 저가 그 칼을 갈으심이여 그 활을 이미 당기어 예비하셨도다 13죽일 기계를 또한 예비하심이여 그 만든 살은 화전이로다

하나님께서는 공의로우십니다. 마지막 날에 공의로 심판을 내리실 것입니다. 그렇지만 그것만 있는 것이 아닙니다. 이 땅 위에서도 하나님은 하나님이시며, 예수 그리스도께서는 왕이십니다. 그렇기에 이 땅 위에서도 분명히 공의가 이루어집니다. 단지 본질적 측면, 하나님 나라의 진전에 대한 훼방이 아니라면 긍휼함으로 오랫동안 돌이킬 기회와 시간을 주시는 것뿐이지 이 땅 위에서 심판을 포기하고 계신 것이 아닙니다. 오히려 악인에게 매일 분노하고 계시며, 아주 적극적으로 악인의 멸망을 준비하십니다. 우리는 아무리 심각한 원수라고 하여도 매일, 24시간 내내 원수를 생각하거나 멸망을 바라지 못합니다. 하지만 하나님께서는 한시도 눈을 떼지 않으시고 지켜보십니다.

이것을 우리가 믿는다면 오히려 우리 원수가 불쌍하게 느껴지게 됩니다. 우리 잘못들에 대해 하나님께서는 자녀를 훈계하시고자 사랑의 매를 드시지만, 우리에게 악행을 하는 것들에 대해서는 하나님께서 직접 분노하시어 가장 비참한 심판을 받게 될 것입니다. 그렇기에 우리는 우리 원수를 보면서 '아이고, 어쩌려고 저러나. 참으로 걱정스럽다'라고 생각할 수밖에 없습니다.

악인은 반드시 죄 값을 받습니다. 우리 원수는 예수님의 원수이며 하나님의 원수입니다. 반드시 심판 받을 것입니다. 이 세상에서든지 죽은 다음에든지, 자신이든지 자신의 자녀든지 꼭 비참함을 맛 볼 것입니다. 그렇다고 해서 악인의 멸망을 기뻐해서는 안 됩니다.

잠17:8 사람의 재앙을 기뻐하는 자는 형벌을 면치 못할 자니라

잠24:17 네 원수가 넘어질 때에 즐거워 말며 그가 엎드려질 때에 마음에 기뻐하지 말라 18여호와께서 이것을 보시고 기뻐 아니하사 그 진노를 그에게서 옮기실까 두려우니라 19너는 행악자의 득의함을 인하여 분을 품지 말며 악인의 형통을 부러워하지 말라 20대저 행악자는 장래가 없겠고 악인의 등불은 꺼지리라

그들에 대해서 진정으로 긍휼한 마음을 가져야 합니다. 그들도 하나님 형상으로 지어진 고귀한 존재입니다. 그들이 비록 지금 악행을 행하고 있고, 그것이 나를 고통스럽게 한다고 해도 그들을 용서해야 합니다. 그들이 내게 행한 악행은 내가 다 소화해냄으로써 없는 것

같이 하고, 또한 하나님께도 용서해 주시기를 기도해야 합니다. '하나님 저 사람이 제게 행한 행악에 대해서만큼은 제가 용서하였사오니 하나님께서도 용서를 해주십시오.' 이러한 심정을 가지고 있어야 합니다.

; 신의 세계에 들어가기

이제 우리 마음에 원수를 용서해야겠다는 다짐이 일어나야 합니다만 잘 안될 것입니다. 당연합니다. 용서가 마음에 결심을 하면 할 수 있는 것이라고 생각하는 것 자체가 매우 교만한 것이기 때문입니다. 용서는 신적 능력입니다. 신의 영역입니다. 용서를 우리에게 분여해 주신 것입니다. 그렇기에 용서를 하는 것은 신의 세계에 들어가는 것입니다. 만만히 보시면 안 됩니다.

우리는 독수리에게 입양된 병아리입니다. 날아가는 훈련을 끊임없이 시킵니다. 먹이도 주고, 보호해 주면서 날라고 합니다. 죽을 맛입니다. 풀어놓고 기르는 닭은 꽤 날아갑니다. 웬만한 사람들은 쫓아가서 잡기 어렵습니다. 우리는 독수리만큼은 못 날지만 닭장에 있는 닭보다는 훨씬 멀리까지 날 수 있게 훈련됩니다.

용서를 위해서 정신의 육체 이탈 능력, 현실 이탈 화법이 필요합니다. 연습을 하십시오. 연기를 하십시오. 인상을 쓰지 마십시오. 웃으십시오. 연기자들은 자연스런 웃음을 위해 몇 백번씩 연습하고 대사를 반복합니다. 아름다운 선을 위해 무용수는 수천 번 팔을 들고 다리를 뻗는 훈련을 합니다. 우리의 용서도 그런 훈련이 필요합니다. 나무토막 같이 투박한 팔과 다리에서 아름다운 선이 펼쳐질 때까지, 자연스런 모습이 될 때까지 목소리를 가다듬고 표정을 관리하고 부드러운 미소가 나올 때까지 반복합시다.

15 금식에 대하여

마태복음 6장 16-18절

----

^{16}금식할 때에 너희는 외식하는 자들과 같이 슬픈 기색을 내지 말라 저희는 금식하는 것을 사람에게 보이려고 얼굴을 흉하게 하느니라 내가 진실로 너희에게 이르노니 저희는 자기 상을 이미 받았느니라 ^{17}너는 금식할 때에 머리에 기름을 바르고 얼굴을 씻으라 ^{18}이는 금식하는 자로 사람에게 보이지 않고 오직 은밀한 중에 계신 네 아버지께 보이게 하려 함이라 은밀한 중에 보시는 네 아버지께서 갚으시리라

　많은 사람들은 금식을 최고의 종교적 행위로 인정합니다. 이슬람교의 라마단과 같이 집단적 금식도 있고, 개인적 단식 수행이나 금식 기도도 있습니다. 많은 교회들이 공동체가 소원하는 바가 있을 때에 '작정 ** 금식 기도회'를 합니다. 각자가 간절히 소원하는 것을 가지고 여러 형태와 기간 동안 금식을 하곤 합니다. 저도 여러 번 '금식 기도'를 했습니다. 무엇 때문에 그렇게 금식 기도를 했는지 지금은 다 생각나지는 않지만 아마도 절박한 심정이 금식을 하게 했던 것 같습니다.

　이처럼 금식은 보편적 종교 행위로 인정되고 행해지고 있습니다. 그 이유는 무엇보다도 참기 어려운 고통이 수반되기 때문일 것입니다. 금식의 고통을 종교의 힘에 기대어서 이겨낸다는 것에서 금식을 행하는 자신이나 그것을 지켜보는 사람들 모두에게 큰 의미와 경험이 됩니다.

　종교적 금식에는 여러 생각이 포함되어 있습니다. 먼저는 금식의 고통을 통해서 육체에 고행을 하면 그로 인하여 영혼이 맑아지며 영적 세계와 가까워질 것이라는 생각을 합니다. 육체를 감옥에 비유한다면 육체에 타격을 가하는 방법은 여러 가지가 있을 수 있습니다. 예를 들면 채찍질을 가하거나 무릎으로 기어 다니거나 잠을 자지 않는다거나 하는 방법으로 육체라는 감옥의 벽을 허물어서 영혼이 점점 자유하게 해야겠다는 생각이 있습니다.

그 중에 하나가 바로 금식입니다. 육체라는 감옥의 기능이 현저히 저하되도록 하는 타격 방법입니다. 이렇게 하면 육체의 감옥에 갇혀 있는 영혼에 유익을 주고, 자유를 줄 수 있다는 생각에 근거합니다. 또한 금식의 고통을 참아냄으로써 공로를 세우고 그 공로에 대해서 신의 인정을 촉구하고자 하는 심정이 담겨 있습니다. '제가 이렇게 금식을 하면서까지 간절히 바라는 것이 있으니 들어주소서.' 이러한 생각들은 플라톤적 이원론에 가깝습니다. 이런 플라톤적인 사고방식을 많은 그리스도인들이 받아들이고 있음을 보게 됩니다.

; 외식적인 금식이 존재하는 이유

재미있는 것은 예수님께서 통렬하게 비난하시듯이 이런 영적 추구, 고행적이며 금욕적 행위들이 어느 틈엔가 세상을 향하고 있게 된다는 것입니다. 예전에 어느 교회 주보에는 '40일 금식기도 2회, 20일 금식 기도 10회' 이런 식으로 교회 담임 목사의 금식 양력을 쭉 열거해 놓는 경우도 있다고 들었습니다. 아마 오래된 이야기일 것이지만 대단히 당혹스럽습니다. 영적인 일에 대한 추구를 위하여 금식을 행한 사람이 결국 자신을 광고하는 일에 써 먹고 있는 것입니다.

이번 본문에도 바리새인들이 금식하는 모습이 그려 있습니다. 그 모습은 약간 과장되게 묘사하고 있고, 이에 반대되는 모습도 과장되게 제시하셨습니다. 예수님께서 이처럼 과장법을 쓰신 이유는 그들의 금식이 어디를 향하고 있는지를 명확히 지적하기 위해서입니다. 예수님의 과장법으로 인하여 이들의 금식이 하나님을 향해 있는지, 사람을 향해 있는지 드러나고 있습니다.

　바리새인들은 금식을 행하면서도 기도와 마찬가지로 하나님이 아니라 사람을 향해서 하고 있고, 이것이 바로 외식하는 태도입니다. 바리새인들은 왜 외식을 하였을까? 그들은 자신들이 이런 금식의 모범을 사람들 앞에 보임으로써 생각 없이, 개념 없이 사는 사람들의 양심에 찔림을 주고자 했던 것입니다. 자신들의 신실한 종교적 행위, 금식을 하면서 민족과 국가를 위해 노력하는 모습을 보여 줌으로써 다른 사람들이 하나님을 섬기는 일로 조금이라도 이끌려 나오도록 하기 위한 열심이었습니다.

　그럼에도 불구하고 이들의 깊은 내면에는 결국 자신은 다른 사람들보다 더 훌륭한 사람이라는 자랑이 자리 잡고 있던 것입니다. 이것이 예수님의 과장법으로 폭로되었습니다. 지금도 그러한지 모르겠습니다만, 제가 고등학생 때 부흥회를 가면 어떤 부흥강사들은 '내가 40일 금식을 3번이나 한 사람이다, 40일 금식을 하고 났더니 환상도 보고, 성령을 받아서 투시 은사도 있고, 병 고치는 신유 은사도 받았다'고 했습니다. 때론 금식이 이런 은사들을 받을 수 있는 공로나 일종의 훈련과정으로 인정되곤 합니다.

그러나 은사는 그렇게 광고를 할 수 있는 것이 아닙니다. 그렇게 광고를 할 수 있다는 것은 그것으로 장사가 된다는 것, 사람들을 모을 수 있다는 것을 의미합니다. 예수님께서는 금식을 은밀히 하기 위하여 최선을 다하라고 분명히 말씀하셨는데도 이를 지키지 않고 있습니다. 예수님 말씀을 정면으로 위배하면서도 다른 사람들 유익을 위해서라는 명분으로 정당화하고 있는 것이고, 이것이 바리새인들이 외식하던 논리였습니다.

; 성경에 그려진 금식들

그렇다면 성경이 말씀하는 금식의 의미가 무엇일까요. 성경에는 많은 금식이 나타납니다. 크게 분류해 보자면 세 가지로 나타납니다. 첫째는 비탄과 괴로움이 있을 때에 나타나는 금식이 있습니다. 사무엘상 31:8-13입니다.

삼상31:8그 이튿날 블레셋 사람들이 죽은 자를 벗기러 왔다가 사울과 그 세 아들이 길보아 산에서 죽은 것을 보고 9사울의 머리를 베고 그 갑옷을 벗기고 자기들의 신당과 백성에게 전파하기 위하여 그것을 블레셋 사람의 땅 사방에 보내고 10그 갑옷은 아스다롯의 집에 두고 그 시체는 벧산 성벽에 못 박으매 11길르앗 야베스 거민들이 블레셋 사람들의 사울에게 행한 일을 듣고 12모든 장사가 일어나 밤새도록 가서 사울과 그 아들들의 시체를 벧산 성벽에서 취하여 가지고 야베스에 돌아와서 거기서 불사르고 13그 뼈를 가져다가 야베스 에셀 나무 아래 장사하고 칠 일을 금식하였더라

사울은 이스라엘의 초대 왕입니다. 그 왕이 아들들과 함께 전사했습니다. 그것으로도 모자라 적국이 그의 시체를 가져다가 모욕을 행했습니다. 너무도 슬프고 괴로운 일입니다. 하나님께서 이런 슬픔을 돌아봐 주시기를 소원하면서 금식을 했습니다.

둘째는 하나님 앞에서 자신의 죄에 대한 고백과 자기를 겸비하게 하려고 할 때에 금식을 했습니다. 베옷을 입고 재 가운데 앉으며 금식을 했습니다. 그렇게 하면서 하나님께서 분노를 가라앉히시고 나를 불쌍히 여겨 주시기를 바랐습니다. 사무엘하 12:15-18입니다.

삼하12:13다윗이 나단에게 이르되 내가 여호와께 죄를 범하였노라 하매 나단이 다윗에게 대답하되 여호와께서도 당신의 죄를 사하셨나니 당신이 죽지 아니하려니와 14이 일로 인하여 여호와의 원수로 크게 훼방할 거리를 얻게 하였으니 당신의 낳은 아이가 정녕 죽으리이다 하고 15나단이 자기 집으로 돌아가니라 우리야의 처가 다윗에게 낳은 아이를 여호와께서 치시매 심히 앓는지라 16다윗이 그 아이를 위하여 하나님께 간구하되 금식하고 안에 들어가서 밤새도록 땅에 엎드렸으니 18그 집의 늙은 자들이 곁에 이르러 다윗을 일으키려 하되 왕이 듣지 아니하고 저희로 더불어 먹지도 아니하더라

우리는 마태복음 처음에 이 본문과 관련된 사건에 대해서 이야기했습니다. 다윗이 헷 사람 우리야의 아내 밧세바를 갖기 위하여 우리야를 전장에서 죽게 했습니다. 이 사실을 나단 선지자가 지적하자

다윗은 자신의 죄를 깨닫고 회개합니다. 그러면서 하나님께서 불쌍히 여겨주시기를 바라며 금식을 했습니다.

금식에 대한 세 번째 분류로는 하나님과 교제 가운데 들어감으로 인하여 다른 육체의 요구를 따라다닐 수 없는 상태의 금식입니다. 대표적인 것이 예수 그리스도께서 하셨던 광야의 40일 금식 기도입니다. 이것을 흔히 예수님께서 고행을 하신 것이라고 생각하기 쉬운데 그렇게 이해하면 플라톤적 이원론으로 연결됩니다. 예수님께서는 고행을 하신 것이 아니라 하나님과 깊은 교제와 앞으로 이루셔야 할 사역에 대한 깊은 명상과 훈련을 위하여 광야로 가셨고, 이 일에 온 힘을 다하심으로 자신을 돌볼 수 없던 것입니다. 그래서 하게 되는 금식입니다. 이런 모습은 십계명을 받으러 간 모세에게서도 볼 수 있습니다. 출애굽기 34:28입니다.

^{출34:28}모세가 여호와와 함께 사십 일 사십 야를 거기 있으면서 떡도 먹지 아니하였고 물도 마시지 아니하였으며 여호와께서는 언약의 말씀 곧 십계를 그 판들에 기록하셨더라

; 금식의 의미

이러한 금식들이 가지는 종국적 의의는 '자기부인(自己否認)'입니다. 실존적 존재의 중심성을 부인하는 것입니다. 인간은 먹어야 삽니다. 그러나 금식을 통하여서 실존적 존재의 필요를 유보함으로써 인간의 중심적 위치를 차지하고 있기 쉬운 육체적이며 실존적 존재에게 그것이 부차적임을 각인시키는 것입니다. 인간은 영적 존재이며, 영적 존재는 하나님과 관계가 가장 중요하다는 것을 확인시키는 것이 바로 금식입니다.

그리스도인이 된다는 것은 지금까지의 자신과 전혀 다른 존재, 영적 존재가 되는 것입니다. 바로 하나님 나라 백성 됨입니다. 즉, 나를 지배하시는 하나님이 왕이시며 나는 그의 통치를 받는 백성임을 인식하고, 그 인식에 따라 삶을 살아가는 것입니다. 이 존재는 이 세상에서 교회의 분자(分子)로서의 삶, 교회아(我)로서 드러납니다.

세상 사람들은 자신을 위하여 모든 것을 이용하려고 하며 거기에는 신(神)도 포함됩니다. 아무리 뛰어난 세상의 사상가라고 할지라도 이것을 넘지 못합니다. 그런데 조금만 생각해도 이것은 참 어리석은 생각입니다. 신이라고 하면 사람이 자신을 이용하려고 하는 것을 충분히 알 것인데 그냥 당하고 있겠습니까? 그렇게 어리석은 신을 상정하는 이유는 자신의 욕심에 가려 있기 때문입니다. 이러한 욕심을 버리고 생각해야 합니다. 신을 이용해야겠다는 생각을 버리고 인간이 신의 창조물이며 신의 명령을 받고 수행해야 하는 존재임을 잊지 않고 사고해 나가야 합니다.

우리의 하나님께서는 이 세상과 인간을 사랑하시기에 우리를 더 고도한 인격체로 승화시켜 주시려고 은혜를 베푸시는 것이지, 신까지도 이용해서 잘 먹고 잘 살아야겠다는 욕심을 부리는 부도덕한 존재를 승인하신 것이 아닙니다. 그렇기에 우리는 마땅히 생각해야 할

바를 좇아서 생각해야 합니다.

; 언제 금식을 해야 하는가?

교회는 그리스도의 몸이며 이러한 교회의 분자로서의 자신을 분명히 인식하여 삶의 모든 가치와 목적을 그리스도의 몸 된 교회를 위하는 것에 두어야 합니다. 이것이 신과 나의 관계를 바르게 정립하는 것이며, 그렇게 신과 바른 관계를 맺고 있어야 비로소 우리의 삶은 평안을 얻고 행복을 누릴 수 있습니다. 갖은 꾀로 신을 이용해 먹겠다고 생각하는 동안에는 평안이란 있을 수 없습니다.

이것이 바로 '자기부인(自己否認)'입니다. 금식의 궁극적 목적은 무슨 영적이고 신비한 능력을 얻는 것이 아니라 '자기부인'의 바른 인식을 얻고자 함입니다. 금식은 '자기부인'에 큰 도움을 줍니다. 이처럼 '자기부인'을 위하여 하는 것이 금식의 종국적 의의인데, 금식을 통해서 자신을 드러내려고 하는 것이야말로 참으로 어이없는 행동입니다. 그래서 오늘 본문에서 바리새인들이 비난을 받고 있는 것입니다.

그렇다면 금식은 언제 해야 하는가? '자기부인'이 안 될 때 하는 것입니다. 자신이 그리스도인으로서 또한 교회의 분자로서 삶을 살아야할 것인데, 내가 잘 먹고 잘 살아야 되겠다는 것이 자꾸 내 안에서부터 치밀어 오를 때가 있습니다. 그것을 제어할 힘이 없을 때 금식을 해야 합니다. 내 욕심이 나를 지배하려고 할 때, 거기에 끌려 다녀서 이성적 판단과 내 행위가 유리될 때, 즉 내 행위가 내 마음 먹은 것과 따로 움직일 때 금식이 필요합니다. 그래서 먹고사는 문제, 실존의 문제가 중심이 아니라 영적 문제가 존재의 중심임을 자신에게 다시 한 번 각인시켜야 합니다.

; 구제와 기도와 금식에 대한 정리

우리는 여기까지 6장에서 다루어진 구제와 기도와 금식의 문제를 다 살펴보았습니다. 이상의 내용을 종합적으로 정리해 보겠습니다. 예수님께서는 거짓된 구제, 거짓된 기도, 거짓된 금식을 비난하시고 참된 구제와 기도와 금식에 대해서 말씀해 주셨습니다. 예수님께서는 구제, 기도, 금식의 순서로 말씀해 주셨습니다. 이는 우리가 외면적으로 접하게 되는 순서를 따라 하신 말씀입니다. 하지만 일의 발생순서는 그 반대로서 금식, 기도, 구제의 순입니다.

금식은 자기부인을 이루어서 인간본질의 바른 의미를 확인케 합니다. 이와 같은 금식을 통한 자기부인, 실존적 존재로서의 자신을 부인한 후에야 비로소 하나님과의 교제 가운데 기도를 할 수 있습니다. 그렇게 정당한 기도를 통하여 하나님 은혜에 대한 확신을 얻게 되는 것이고, 그 확신이 이 땅에서 사회적으로 정당한 효력을 발생하게 됩니다. 자기를 부인하고 정당한 기도를 올리는 자, 진정한 그리스도인이 살아가는 삶의 전 영역에서 효력은 두드러지게 나타날 것입니다. 이는 자연히 이 땅 위에 존재하는 반신국적 세력들에 저항으로 드러납니다.

오늘날 가장 강력한 반신국적 세력은 돈입니다. 사람들은 자본주의 사회에서 돈의 노예가 되어 있습니다. 돈의 힘을 가지고 인간을 유린하고 있습니다. 이것에 대해서 하나님 나라 백성들은 저항해야 합니다. 하나님 나라 백성은 거저 주는 삶, 구제를 통해서 이 돈의 폭력을 무력화해야 합니다.

이 일은 무엇보다도 교회 안에서 종합적이고 효과적으로 행해질 수 있습니다. 교회 안에서 돈의 폭력적 질서가 철저히 배제된 사회를 실현해야 합니다. 이것이 교회 공동체의 아름다움이며 강력한 힘입니다.

16 보물을 땅에 쌓아두지 말라

마태복음 6:19-23

----

¹⁹너희를 위하여 보물을 땅에 쌓아두지 말라 거기는 좀과 동록이 해하며 도적이 구멍을 뚫고 도적질 하느니라 ²⁰오직 너희를 위하여 보물을 하늘에 쌓아두라 거기는 좀이나 동록이 해하지 못하며 도적이 구멍을 뚫지도 못하고 도적질도 못하느니라 ²¹네 보물 있는 그곳에는 네 마음도 있느니라 ²²눈은 몸의 등불이니 그러므로 네 눈이 성하면 온몸이 밝을 것이요 ²³눈이 나쁘면 온몸이 어두울 것이니 그러므로 네게 있는 빛이 어두우면 그 어두움이 얼마나 하겠느뇨

　본문을 읽으면서 많은 생각을 하게 됩니다. 본문은 우리에게 금욕주의적 삶에 대한 그림을 그리게 합니다. 금욕주의적이고, 수도원의 양태의 삶을 생각하게 만듭니다. '돈을 사랑함이 일만 악의 뿌리(딤전6:10)'라는 말씀과 본문이 연결되면서 이런 인상은 곧 본문의 뜻일 것이라는 확신을 가집니다. 전혀 의심되지 않습니다. 그렇기에 예수를 제대로 믿으려면 왠지 돈도 벌지 않고 날마다 기도만 하고 앉아 있어야 할 것이라고 생각도 하게 됩니다.

　그렇게까지는 아니더라도 이 세상에서 돈을 버는 일에는 아주 소극적으로 행동해야 하고, 거기에 힘을 쓰거나 정신을 쏟는 일은 불경건한 일로 느끼게 됩니다. '돈 버는 일에 큰 애를 쓰거나 마음을 쓰지 않고 신앙에 열심을 내면 하나님께서 은혜를 내리실 것이다. 기적을 사용하셔서 나의 필요를 공급해 주시고 아주 풍성하게 주실 것을 믿어야 한다.'고 느낍니다.

　더 나가서 그렇게 사는데도 하나님의 기적적 역사가 없으면 굶어 죽어야만 진정한 신앙인이라는 생각도 지울 수 없습니다. '사람이 돈의 노예처럼 돈에 끌려 다니지 말아야겠다. 돈에 대한 욕심을 버리면 양심의 가책이 없어지고 자유로운 심정을 갖게 될 것이다'라고 생각하면서 이 말씀대로 살아야겠다는 다짐도 갖게 됩니다.

그러나 현실에서는 도저히 이런 식으로 살 수 없음을 느끼게 됩니다. 그래서 타협을 하게 되고, 그것이 양심에 가책을 주어 늘 죄책감에 사로잡힙니다. 그러다보니 예수를 믿으면서도 생수의 강이 흘러넘침을 경험하기보다 늘 사망의 강, 절망의 강, 죄책감의 강만 흘러넘친다고 느끼고 메마른 삶을 살게 됩니다.

더욱 심각한 것은 그러한 시간이 너무 오래되면, 타협과 죄책감이란 그저 적응해야 하는 문제로 인식하여 무감각해지는 데로 나가게 됩니다. 그러지 않고서는 너무 과민해져 늘 괴롭기 때문입니다. 그러면서 적당히 믿어야지 성경에서 하라는 대로 하고서는 살 수 없다는 생각을 갖게 됩니다.

이런 태도는 성경을 통해서 가르치시는 바에 대한 깊고 바른 이해가 없기 때문에 나타나는 것입니다. 혼자서 괜히 울고, 절망하고, 분노하고, 체념하고, 무시하고, 멀어지는 것입니다. 위와 같은 태도는 인격자 사이에서 일어나는 오해의 모습 바로 그것입니다. 이런 것에서도 성경이 얼마나 인격자의 말인지가 드러납니다. 하나님 말씀도 인격자의 말이기 때문에 소통되지 않으면 오해가 일어날 수 있습니다. 그러나 이런 오해의 소지가 있을 때에 그 말씀을 하신 인격자가 어떤 분인가를 생각하면서 이 말씀을 내가 제대로 이해한 것인지, 왜 저런 말씀을 하셨는가? 깨닫기 위해 노력해야 합니다.

; 보물을 하늘에 쌓으라

하나님께서는 우리를 사랑하십니다. 우리는 그의 자녀입니다. 이 것을 전제하지 않고서는 성경은 도무지 이해할 수 없는 문서입니다. 우리는 가끔 이것을 잊어버리고 부모의 사랑을 의심하는 어린아이 와 같이 어리석게 성경을 바라보는 경우가 많습니다. 본문이 그 대 표적 예입니다. 본문을 보면서 참으로 비현실적이고, 비인간적 요구 라고 느끼고 있다면 본문을 잘못 이해하고 있는 것입니다. 즉, 부모 님 말씀을 오해하고 있는 것과 같습니다.

이제 본문에 대한 바른 이해를 도모해 보겠습니다. 일단 사람이 소 유의 욕망이 있는 것, 그것 자체가 죄악은 아닙니다. 소유의 욕망이 있음으로 인하여서 좋은 것이든 나쁜 것이든 자꾸 소유해 나가는 것 입니다. 이것은 본성적이지, 타락으로 인해 소유욕이 덧붙여진 것이 아닙니다. 물론 타락 이후의 상황은 삶에 붙은 가시와 엉겅퀴로 인 하여 소유가 풍족하지 못하게 되었고, 자연히 소유욕에 불을 붙이는 상황이 되었습니다. 그러한 상황에 대한 이해가 없으면 소유욕 자체 가 무슨 큰 죄악인 것 같이 생각하곤 합니다. 그래서 어떻게 하든지 그러한 모든 욕구를 제거하는 것이 신앙의 정좌인 것 같이 여깁니 다. 하지만 이것은 개혁교회의 정당한 사고가 아닙니다. 이것은 로 만가톨릭의 사고이며, 그 극치의 모습은 불교적 수행에서 나타납니 다. 소유와 관련하여 예수님 말씀을 좀 더 연구해 봐야 합니다. 이를 위해서 본문 19-20절을 다시 한 번 보겠습니다.

¹⁹너희를 위하여 보물을 땅에 쌓아두지 말라 거기는 좀과 동록이 해하며 도적이 구멍을 뚫고 도적질 하느니라 ²⁰오직 너희를 위하여 보물을 하늘에 쌓아두라 거기는 좀이나 동록이 해하지 못하며 도적이 구멍을 뚫지도 못하고 도적질도 못하느니라

여기서 보물이라고 말해지는 것은 실제 보물을 말합니다. 좀이 먹는 것은 옷에 구멍이 뚫리는 것을 말합니다. 녹은 금속에 생기는 것입니다. 보물을 땅에 쌓아 두지 말고 하늘에 쌓아 두라고 하십니다. 쌓는 것 자체를 문제로 삼지 않고 있음에 주목하십시오. 쌓는 것 자체가 문제라고 하지 않으시고, 쌓아두는 장소를 문제로 삼고 계십니다. 즉, 물질의 축적이 일어날 수 있는 잉여가치를 인정하시며, 동시에 이러한 잉여가치의 축적을 용인하고 계십니다. 다만 아무 곳이나 쌓지 말라고 하십니다. 장소를 가리란 말입니다. 그리고 그렇게 장소를 가려야 하는 이유도 명확히 말씀하셨습니다. 다음 문구에 주목해주십시오!

; 오직 너희를 위하여

그렇습니다. 우리를 위하여 그렇게 하라는 말씀입니다. '오직'이라고 강조하고 계심을 보셔야 합니다. 땅에 쌓는 것이 우리에게 좋지 않은 이유는 우리의 재물에 좀과 녹이 먹고, 도적이 구멍을 뚫고 도적질 하는 일이 생기기 때문입니다. 즉, 좀과 녹과 같이 그것 자체에도 문제가 생기고, 또한 도적과 같이 외부에 위험이 도사리고 있습니다. 그러니 땅이 아닌 하늘에 쌓으라는 것입니다. 거기에는 그러한 위험, 땅에 존재하는 것과 같은 위험이 존재하지 않기 때문입니다.

; 땅에 쌓은 보물이 안전할까?

이처럼 '우리를 위하여' 하신 제안인데도 이 문구가 우리 눈에 들어오지 않습니다. 왜 그럴까요? 왜 이 문구를 지나치고 있을까요? 간단합니다. 재물을 땅에 쌓고 싶기 때문입니다. 예수님께서는 재물을 하늘에 쌓는 것이 훨씬 안전하다고 하시지만, 사람들은 땅에 쌓는 것이 더 안전하다고 느끼고 있는 것입니다. 그것이 훨씬 내 것 같기 때문입니다. 땅에 쌓아야 언제든지 유사시에 내가 원할 때 내가 쓰고 싶은데다가 쓸 수 있지, 하늘에 쌓는다면 하나님께 다 빼앗기는 것과 같이 내 맘대로 못하기에 하늘에 쌓을 마음이 안 생긴다는 말입니다.

하지만 땅에 쌓아 놓은 재물은 사람들이 믿고 있는 만큼 안전하지 못합니다. 또한 여러 가지 문제를 야기합니다. 도적질 당하거나 사기를 당할 수도 있습니다. 일순간에 모든 것이 사라져 버릴 수도 있습니다. 돈으로 아이들을 잘 키울 수 있을 것 같지만 부모가 돈을 믿고 있으면 자녀들은 그 부모의 돈 때문에 열심을 내서 공부하지 않는 경우가 더 많아 질 수 있습니다.

오늘날 돈이 전능한 능력을 가진 것 같이 여기는 시대입니다만 이 것이야말로 철저히 꾸며져서 추앙받고 있는 신화에 불과합니다. 인간들은 돈을 땅에 쌓아 놓으면 그것이 나를 지켜 줄 것이라고 믿습니다. 자신을 행복하게 만들어 줄 것이라고 생각하지만 오히려 돈 때문에 싸우게 되고, 죽임을 당할 수도 있고, 돈 때문에 불행한 삶을 살고 있는 것일 수 있습니다. 돈은 공의롭거나 전능하지 않습니다. 공의롭지도 않고 전능하지도 않은 신을 섬기면 자연히 불행해지게 되는 것입니다.

; 자신을 검증할 수 있는 잣대

예수님께서도 재물을 땅에 쌓아 두지 말고 하늘에 쌓아 두라는 말씀, 그것이 너희에게 유익하다는 말씀을 하신 다음에 우리가 그 말씀을 주의 깊게 듣지 않고 심리적으로 꺼릴 것을 아시고 다음의 말씀을 덧붙이셨습니다. 21절입니다.

²¹네 보물 있는 그곳에는 네 마음도 있느니라

더 안전한 장소를 제시하셨음에도 불구하고 훨씬 덜 안전하고 문제를 야기할 수밖에 없는 장소에 재물을 쌓겠다는 것은 결국 자신의 마음이 거기에 있음을 드러내는 것입니다. 동일한 위험 부담이 있을 때 1000만원을 투자해서 1000만원의 가치를 창출할 수 있는 곳이 있는데도 600만원의 가치를 내지 못하는 곳에 투자를 한다면 투자 가치 이외의 다른 요소가 끼어 있는 것이죠.

어떤 사람이 땅 보다 하늘이 재물을 쌓아 놓기에도 안전하고 좋은 장소라는 예수님을 말씀을 듣고서도 하늘이 아니라 땅에 우리의 재물을 쌓는다면 그 사람은 예수님 말씀을 믿지 않는 것입니다. 또한 그 사람 마음은 하늘이 아니라 땅에 속해 있는 것입니다. 그렇기에 그 사람이 입으로 아무리 예수님을 믿는다고 고백하고, 매 주일 교회에 나와서 예배를 하고 찬송을 하고 기도를 해도 그의 마음은 아직 땅에 있는 것입니다.

이것은 우리 자신이 우리 자신을 검증하는 일에서도 아주 유용한 잣대가 됩니다. 나는 과연 나의 보물, 나의 재산을 어디에 쌓고 있는가? 하늘인가, 땅인가? 하늘에 쌓고 있다면 예수 그리스도의 말씀을 믿는 것이며, 나의 마음이 하늘에 있는 것이며, 그렇기에 하나님 나라 백성임이 분명합니다. 하지만 내가 여전히 나의 보물과 재산을 땅에 쌓아놓고 유사시에 내 마음대로 써야겠다고 생각하고 있다면 아직 예수님 말씀을 온전히 믿지 못하는 것이며, 아직 내 마음은 땅에 머물러 있는 것입니다.

; 보물을 하늘에 쌓는 법

우리가 예수 그리스도를 믿으며, 그리스도인이라면 보물을 하늘에 쌓아야 합니다. 여러 번 말씀 드렸지만 마태복음에서 하늘이란 하나님 나라를 의미합니다. 우리가 하나님 나라 백성이라면 당연히 우리의 보물은 하나님 나라, 하늘에 쌓아 놓아야 합니다. 이 땅에서 외국인 노동자들을 보십시오. 특별한 경우가 아니라면 자신이 번 돈을 자신의 본국으로 송금하기 위하여 대단히 애를 씁니다. 특히 불법체류자들의 경우에는 여러 가지 어려움과 위험을 무릅쓰고서라도 본국으로 송금하기 위하여 노력합니다. 우리가 하나님 나라에 보물을 송금하여 쌓으려고 노력한다면 우리는 하나님 나라 백성임이 틀림 없을 것입니다. 어떻게 하는 것이 하나님 나라에 보물을 쌓는 것인가? 성경은 다음과 같이 말씀합니다.

잠19:17가난한 자를 불쌍히 여기는 것은 여호와께 꾸이는 것이니 그 선행을 갚아 주시리라
히13:16오직 선을 행함과 서로 나눠 주기를 잊지 말라 이 같은 제사는 하나님이 기뻐하시느니라

가난한 자에게 선행을 베푸는 일이 하나님께 꿔 드리는 것이라고 하셨습니다. 또한 서로 나눠 주는 행위를 하나님께 드리는 제사로 인정하신다고 합니다. 그리고 이를 기쁘게 여기신다고도 하셨습니다. 바로 이와 같이 하여서 우리 보물을 하나님 나라에 쌓는 것입니다. 이와 관련하여 예수님께서 하신 말씀 한 구절을 보겠습니다.

눅16:9내가 너희에게 말하노니 불의한 재물로 친구를 사귀라 그리하면 없어질 때에 저희가 영원한 처소로 너희를 영접하리라

돈, 재물은 그 자체로 불의하지 않습니다. 그러나 돈이 가지고 있는 구조는 불의합니다. 단편적으로 예를 들자면, 제국주의적 약탈로 인하여 어떤 나라의 경제가 풍요하게 되었다고 해 보십시오. 그 나라 가운데서 아무리 청렴하게 살고, 양심적으로 생활을 한다고 하여도 약탈로 비롯한 풍요로움을 누리며 살게 됩니다. 오늘날은 경제적 제국주의에 의하여 경제적 약소국이 착취를 당하게 됩니다. 우리가 살고 있는 이 나라에서도 약소국에 대한 착취의 발자국이 존재하

며, 동시에 더 강한 나라에게 착취당하고 있기도 합니다. 그 속에 있으면 자신의 뜻과 관계없이 착취한 재물 위에서 불의한 삶을 누리며 살게 됩니다. 이런 불의함은 인식하기도 힘들지만 인식했다고 해서 벗어날 길이 있는 것도 아닙니다. 약탈당하는 사람들의 고혈을 빨아 먹고 사는 것입니다. 이런 상황에서 우리가 할 수 있는 것은 영원한 친구들에게 그 보물을 쓰는 것입니다. 이렇게 하는 것이 바로 보물을 하늘에 쌓는 행위입니다.

; 바른 물질관을 가져야 함

그렇다면 우리는 다시 처음과 동일한 문제로 돌아간 것 같이 느낄 수 있습니다. 결국 우리 모든 소유를 다 나눠주어야 한다는 말씀인가? 라는 질문이 우리를 어렵게 만듭니다. 진지한 그리스도인이라면 그걸 안하려고 한다기보다는 그렇게 살아지지 않더란 경험이 있을 것입니다. 그렇게 살아보려고, 정말 내 것을 욕심내지 않고 나눠주면서 살아보려고 나름대로는 최선의 노력을 다 해보았으나 결국 아무것도 이루지 못하고 절망했던 기억이 있습니다. 이렇게 하면 조만간 거지가 되어서 도리어 다른 사람들에게 폐를 끼치는 삶을 살게 될 수도 있습니다. 이와 관련하여 예수님께서 하신 말씀을 계속 들어보십시오. 22-23절입니다.

²²눈은 몸의 등불이니 그러므로 네 눈이 성하면 온몸이 밝을 것이요 ²³눈이 나쁘면 온몸이 어두울 것이니 그러므로 네게 있는 빛이 어두우면 그 어두움이 얼마나 하겠느뇨

여기서 갑자기 눈에 대한 이야기를 하셨습니다. 이 말씀은 우리 눈, 시력에 대한 이야기가 아닙니다. 시각, 관점에 대한 말씀입니다. 재화에 대한 바른 인식에 대한 말씀입니다. 예수님께서는 우리가 재물에 대해서 바른 이해와 인식이 없으면 안 된다는 말씀을 하고 계십니다. 재화에 대한 바르지 못한 인식을 가지고 있으면 심각한 문제를 결과합니다. 그렇기에 재물에 대해서 부당한 견해를 가지지 않도록 주의해야 합니다.

앞에서 말씀드렸지만 우리는 '돈을 사랑함이 일만 악의 뿌리'라는 말씀으로 인하여 성경이 물질에 대해서 대단히 부정적일 것이라고 생각합니다. 그것은 일면 진실입니다. 하지만 그렇다고 해서 성경이 모든 물질을 버리고 산으로 들어가라고 요구하지도 않으십니다. 구약에서의 축복은 대부분 재화의 축복으로 묘사되고 있습니다. 예수님께서도 재화 사용을 완전히 부정하신 것이 아닙니다. '사람이 떡으로만 살 것이 아니다.' 물질적 요소의 충족으로만 살 것이 아니라고 하셨지, 떡 자체의 필요를 무시하지 않으셨습니다. 망대를 쌓을 때에도 계산해야 한다고 하셨고, 전쟁을 시작할 때도 계산을 해야 한다고 하셨습니다. 기도로만 해야 한다고 하지 않으셨습니다.

그렇기에 물질에 대해서, 돈에 대해서 편견을 가지고 접근하지 말아야 합니다. 선입견을 가지고 결백증적 태도와 탁상공론을 펼쳐서는 안 됩니다. 예수님께서 무엇을 말씀하시는지 한 번에 다 깨닫고 있다고 생각하지 말고, 말씀하신 내용을 깊이 묵상하고 연구해야 합니다.

; 보물이란 무엇인가?

본문의 '보물'이라는 단어를 돈, 재물, 재화 등으로 구분 없이 썼습니다. 그것은 일반적 사고를 따라서 서로 연결된 내용이 있기 때문입니다. 하지만 엄밀히 말하자면 예수님께서 하늘에 쌓아 두라고 하신 것은 돈도 아니고, 재물도 아니고, 재화도 아니라 '보물'입니다. '보물'이란 현재 실제 생활에서 필요한 것이 아닙니다. 잉여가치를 저장하는 일종의 저축에 해당됩니다. 그렇기에 예수님께서 하신 말씀은 우리가 조금의 돈이나 재산, 재물, 재화도 가지고 있지 말라는 말씀이 아니라 저축을 하지 말라는 말씀입니다. 삶에 실질적 필요와 관계없는, 그 필요를 넘어 서 있는 모든 재화를 쌓아 두지 말라는 말씀입니다.

그렇다고 모든 저축을 다 거부하라는 말씀이 아닙니다. 자신이 살 집을 사기 위한 저축이라든지, 어떤 사업을 위한 저축과 같은 경우에는 그것이 '보물'이 아니라 일의 한 부분에 해당됩니다. 예수님께서 말씀하셨던 것처럼 망대를 쌓기 전에 그 일을 중간에 중단하게 되지 않도록 여러 여건을 마련해야 합니다. 특히 돈을 마련해 놓는 것은 대단히 중요합니다. 사업을 하는 경우에 어느 때는 호황기를 맞이하여 많은 재화가 들어오지만 곧 불황기가 있게 되어 있으며, 그 시기를 잘 넘기기 위한 준비를 마련해야 합니다. 이런 경우에도 재화를 모아 두지 말라는 말씀이 아닌 말입니다.

그러므로 우리는 이렇게 생각해 나가야 합니다. 우리는 하나님 나라 백성으로서 하나님께서 친히 사명을 주셨습니다. 그리고 그 일을 이룰 은사를 주셨습니다. 그 은사를 활용해서 사명을 이루어야 합니다. 그 과정 가운데서 물질의 필요가 있을 수 있습니다. 물질이 주된 요소가 아닐 수는 있으나 거의 빠지지 않습니다. 때때로는 많은 물질이 필요하고 그 물질이 하늘에서 뚝 떨어지지 않고 긴 세월을 모아야 할 경우도 많습니다. 이러한 물질을 모으는 것은 녹록지 않습니다. 그렇기에 최선을 다해야 합니다. 저축을 해야 합니다. 이 정황에서 하나님께서 맡기신 사명이라는 부분을 빼버리면 불의한 저축과 전혀 다를 것이 없습니다. 이는 반대로 말하자면 하나님께서 맡기신 사명을 중심으로 하면 저축은 정당화 됩니다. 이런 경우는 내 통장에 있는 것이지만 하늘에 쌓는 것입니다.

; 보물을 효과적으로 하늘에 쌓는 실제적인 방법

하지만 이것이 진실이어야 합니다. 진실로 그 사명을 위한 최선의 노력이어야 하지 일단 적당히 모으는 동안에는 하나님께서 맡기신 사명을 이루기 위한 일이라고 주장하다가 여차하면 내 맘대로 쓰겠다는 생각을 한다면 대단히 바보스러운 행위입니다. 인간은 물질의 유혹에 약합니다. 그래서 바보스러운 줄 알면서도 이를 이기지 못합니다. 오히려 자신은 당장 욕심에 끌려서 그것을 사명으로 받아들였는데 나중에는 그 사명을 다 감당케 될 때까지 하나님께서 가만두지 않으시고 몰아가심을 경험하게 될 것입니다. 야곱의 인생이 바로 그런 것입니다. 야곱은 장자에게 주시는 축복이 대단히 좋은 것이라고 생각했습니다. 그래서 형의 것을 속여서 훔쳤습니다. 그 일로 인하여 야곱은 평생을 불안함 속에서 살아야 했습니다.

그렇기에 가장 좋은 것은 진정 확고한 사명 의식, 하나님께서 이 사명을 감당케 하시려고 이끌어 가신다는 확신이 분명하게 있지 않다면 물질에 대한 욕심을 버리고 검소한 수준에서 삶을 유지하고 지속하는 일을 넘어서는 재화를 땅에 쌓아두지 말고 하늘에 쌓아야 합니다. 가난한 자들에게 줌으로써 하나님께 꿔드리고, 선행으로 서로 나눠주고, 영원한 친구를 사는 쪽에 써야 합니다. 우리 경험이 말하고 있듯이 남으면 저축한다는 것은 불가능합니다. 미리 일정 부분을 따로 떼서 하늘에 저축하고, 그 나머지를 가지고 우리 삶을 검소하게 살아야 합니다.

저희 교회 집사님께서 쓰시는 전략인데 참 성경적이라고 생각되어 소개합니다. 성경에 나그네를 대접하기에 힘쓰라는 원리를 따라서 나그네를 대접하는 일에 힘쓰면서 같이 먹고 누리는 쪽으로 정리하는 것입니다. 나그네는 대접하고 너는 먹지 말라고 하신 것이 아니니까 말입니다. 즉, 교제를 위하여 돈을 쓰고 힘을 쓰는 것이며, 이는 불의한 재물로 친구를 사라는 말씀과도 부합하고 또한 이렇게 하면 '보물'을 하늘에 쌓는 것인 동시에 자신의 삶도 실존적으로 풍성함을 누리게 될 것입니다.

17 그러므로 염려하지 말라

마태복음 6장 24-32

----

²⁴한 사람이 두 주인을 섬기지 못할 것이니 혹 이를 미워하며 저를 사랑하거나 혹 이를 중히 여기며 저를 경히 여김이라 너희가 하나님과 재물을 겸하여 섬기지 못하느니라 ²⁵그러므로 내가 너희에게 이르노니 목숨을 위하여 무엇을 먹을까 무엇을 마실까 몸을 위하여 무엇을 입을까 염려하지 말라 목숨이 음식보다 중하지 아니하며 몸이 의복보다 중하지 아니하냐 ²⁶공중의 새를 보라 심지도 않고 거두지도 않고 창고에 모아 들이지도 아니하되 너희 천부께서 기르시나니 너희는 이것들보다 귀하지 아니하냐 ²⁷너희 중에 누가 염려함으로 그 키를 한 자나 더할 수 있느냐 ²⁸또 너희가 어찌 의복을 위하여 염려하느냐 들의 백합화가 어떻게 자라는가 생각하여 보라 수고도 아니하고 길쌈도 아니하느니라 ²⁹그러나 내가 너희에게 말하노니 솔로몬의 모든 영광으로도 입은 것이 이 꽃 하나만 같지 못하였느니라 ³⁰오늘 있다가 내일 아궁이에 던지우는 들풀도 하나님이 이렇게 입히시거든 하물며 너희일까 보냐 믿음이 적은 자들아 ³¹그러므로 염려하여 이르기를 무엇을 먹을까 무엇을 마실까 무엇을 입을까 하지 말라 ³²이는 다 이방인들이 구하는 것이라 너희 천부께서 이 모든 것이 너희에게 있어야 할 줄을 아시느니라

　보물을 하늘에 쌓으라는 이유는 하나님을 위해서 그리하라는 것이 아니라 '우리를 위해서' 그리하라는 말씀입니다. 하늘이 이 땅 보다 더 안전하기 때문입니다. 이 땅에서는 보물 자체에도 문제가 생깁니다. 보물로 인하여 도둑이 들 수도 있습니다. 그렇기에 이런 위험이 없이 재화의 가치를 보전할 수 있는 하늘에 쌓으라는 말씀입니다. 어떻게 해야 하늘에 쌓을 수 있느냐? 하늘로 보내는 송금 창구가 있습니다. 바로 가난한 자들과 영원히 함께 할 교우들입니다. 이들에게 베푸는 것이 곧 하나님 나라에 하는 송금이며, 하나님께서는 이를 당신이 꾸신 것으로 인정해 주십니다. 안전할 뿐 아니라 이익이 큰 하늘 은행을 이렇게 개방해 놓으셨습니다.

　그런데 우리는 예수님께서 '너희를 위하여' 그렇게 하라고 하시는데도 이 말씀을 잘 따르지 않습니다. 도리어 이 땅에 쌓아야 내게 유익이지 하늘에 쌓으면 다 빼앗기는 것이라는 생각을 감출 수가 없습니다. 그렇기에 썩어 문드러지더라도 내 손에 쥐고 있으려고 합니다. 예수님 말씀, '오직 너희를 위하여'라는 말씀을 믿지 않는 것입니다. 그러면서 보험설계사, 펀드 매니저들이 하는 말은 믿고 자신들의 '보물'을 가져다 맡깁니다. 마음이 땅에 있지 하늘에 있지 않기 때문에 하늘에 계신 예수님 보다는 이 땅의 금융기관을 더 신뢰하고 있는 것입니다.

물론 그렇다고 저축이나 투자를 절대로 하지 말라는 것은 아닙니다. 무엇을 위해서 저축하는 것인가를 분명히 알아야 합니다. 또한 어떤 것은 이 땅에서 저축하여 준비해야 하고 어떤 것은 하늘에 쌓아야 하는 것인지에 대한 바른 인식과 판단이 필요합니다. 이런 것도 없이 무턱대고 하늘에 쌓겠다고 한다든지, 무턱대고 이 땅에 쌓아 놓는 것이 최고라고 생각하는 것은 어리석은 것입니다. 이를 '성한 눈'과 '나쁜 눈'의 비유를 통해서 말씀해 주셨습니다.

; 하나님과 돈

돈 문제, 보물 문제는 쉽고 간단히 해결할 수 있는 문제가 아닙니다. 끊임없이 연구하고, 피나는 훈련이 있어야 진정으로 돈을 다룰 수 있게 됩니다. 그런데 보물을 하늘에 쌓지 않고 땅에 쌓는 것에는 바른 인식과 판단력 부재, 지혜 없음의 문제만 있는 것은 아닙니다. 거기에는 더 근원적이고 영적인 문제가 숨어 있습니다. 24절입니다.

[24]한 사람이 두 주인을 섬기지 못할 것이니 혹 이를 미워하며 저를 사랑하거나 혹 이를 중히 여기며 저를 경히 여김이라 너희가 하나님과 재물을 겸하여 섬기지 못하느니라

그리스도인이라면 당연히 보물을 하늘에 쌓아야 합니다. 그런데도

이 일이 쉽지 않은 이유는 이것이 보물 문제, 돈 문제에 국한된 것이 아니라 영적 전쟁에 해당되기 때문입니다. 돈과 하나님을 놓고 양자택일 하라고 하시는 이 말씀이 선뜻 납득되지 않으실 수 있습니다. 보물이란 실존에 필요한 재화를 넘어선 잉여재화를 의미한다고 말씀 드렸습니다. 사는 일에 그다지 필요치 않는 재화입니다. 즉, 없어도 삶을 사는데 지장이 없습니다. 이것은 버리지 않는 한 당연히 쌓여있게 됩니다. 그런데도 이것을 하늘이 아닌 자신의 손 안에 들고 있으려고 하는 것은 만일을 위해서입니다. 일어날 가능성이 아주 높고 필연적 상황에 대한 대비는 하나님께서 주신 이성 능력을 활용한 삶의 준비이며 지혜입니다. 그렇지만 무엇이라고 딱히 말할 수 없으며 일어날 확률도 낮고 우연적 사건이나 사고까지 다 대비해야겠다는 심정으로 돈을 쌓아 놓는 것은 돈을 믿는 것입니다. 돈이 그 문제들을 해결해 줄 것으로 믿기 때문에 돈을 신앙하고 있는 것입니다.

하나님께서 우주 만물을 운영하시며, 우리에게 일어나는 그 어떠한 일이라도 그분의 섭리 가운데 있습니다. 어떤 우연적 사건과 사고까지도 하나님께서 우리에게 일어나도록 하신 것입니다. 우리는 하나님 나라 백성이고 자녀이므로 늘 좋은 것을 주실 줄로 믿고 살아야 합니다. 더 나가서 우리가 준비할 수도 없고, 준비되지도 않았던 상태에서 일어난 사건과 사고도 다 알 수는 없으나 그 속에서 은혜와 유익을 주시고자 하는 하나님의 섭리입니다. 그렇기에 그 상황 그대로 받아들이면서 대처하고 힘을 기울여 나가야 합니다. 그걸 믿는 것이 신앙입니다.

그런데 이러한 우연적 사건과 사고까지라도 다 돈으로 대비해 놓겠다는 것은 일단 하나님께서 우리를 선하게 인도하시리라는 것을 믿지 않는 것입니다. 한 걸음 더 나가서 하나님의 심술을 돈의 힘으로 일정 부분이라도 무력화 시켜야겠다는 생각이 깔려 있는 행위입니다. 이것이 돈의 힘을 의지하여 살아가려는 태도이고 이를 맘모니즘(mammonism)이라고 합니다. 그렇기에 예수님께서는 하나님과 재물을 같이 섬길 수 없다고 하신 것입니다.

; 돈을 숭배하게 되는 이유

예수님의 말씀을 믿고, 하나님의 선한 인도하심을 믿으면서도 이러한 맘모니즘에서 벗어나지 못하는 이유가 무엇일까? 바로 염려 때문입니다. 25절입니다.

[25]그러므로 내가 너희에게 이르노니 목숨을 위하여 무엇을 먹을까 무엇을 마실까 몸을 위하여 무엇을 입을까 염려하지 말라 목숨이 음식보다 중하지 아니하며 몸이 의복보다 중하지 아니하냐

땅에 재물을 쌓는 일, 맘모니즘에 굴복하여 돈을 섬기게 되는 이유는 무엇을 먹을까? 무엇을 입을까? 에 대한 염려에 사로 잡혀있기 때문입니다. 생존의 문제에 대한 두려움에 굴복하는 것입니다. 그래서 예수님께서는 염려하지 말라고 하신 것입니다. 그냥 심리적 위로를 주기 위하여 효용이 없는 위로의 말씀을 하신 것이 아니라 왜 염려하지 않아도 되는지를 논리적으로 설명하셨습니다.

목숨과 음식이 연결되어 있고, 몸과 의복이 연결되어 있습니다. 음식이란 생명을 유지하기 위한 기초적 요소입니다. 의복이란 몸을 보호하고 활성화하기 위한 도구입니다. 목숨이 음식보다 중요하고, 몸이 의복보다 중요합니다. 예수님께서는 음식과 의복은 훨씬 귀중한 목숨과 몸을 위한 수단에 불과하다는 사실을 지적하심으로써 메시지를 전달하고 계십니다. 즉, 하나님께서는 우리에게 가장 귀중하고 핵심이 되는 목숨과 몸을 주셨습니다. 이처럼 귀중한 것을 주신 하나님께서 음식과 의복이 뭐 그리 중하다고 안 주시겠습니까. 당연히 주시는 것으로 믿어야 합니다. 그렇지 않으면 염려를 하게 되고, 그러다보니 하늘에 쌓기보다 땅에 쌓게 되고 맘모니즘에 젖어서 하나님을 바르게 섬기지 못하게 되는 것입니다.

; 갑자기 키 이야기를 하신 이유는?

그리고 예수님께서는 다음 구절들에서 이러한 답답한 자들에게 아주 이해하기 쉬운 비유를 들어서 설명하셨습니다. 26-30절까지 보겠습니다.

²⁶공중의 새를 보라 심지도 않고 거두지도 않고 창고에 모아 들이지도 아니하되 너희 천부께서 기르시나니 너희는 이것들보다 귀하지 아니하냐 ²⁷너희 중에 누가 염려함으로 그 키를 한 자나 더할 수 있느냐 ²⁸또 너희가 어찌 의복을 위하여 염려하느냐 들의 백합화가 어떻게 자라는가 생각하여 보라 수고도 아니하고 길쌈도 아니하느니라 ²⁹그러나 내가 너희에게 말하노니 솔로몬의 모든 영

크리스천의 곤고한 적 외식外飾

광으로도 입은 것이 이 꽃 하나만 같지 못하였느니라 [30]오늘 있다가 내일 아궁이에 던지우는 들풀도 하나님이 이렇게 입히시거든 하물며 너희일까 보냐 믿음이 적은 자들아

여기 본문 중에 잘 이해되지 않는 부분이 있다면 27절일 것입니다. 그냥 이대로는 이해하기 어려운 구절입니다. 공중의 새를 보면서 생존 문제를 하나님께서 책임지신다는 이야기를 하는 맥락에서 갑작스럽게 키 이야기가 나오기 때문입니다. 특히 대구로 작용하고 있는 28-29절이 백합화가 농사도 짓지 않고, 옷감도 짜지 않아도 훌륭한 의복을 지니고 자라나고 있다는 내용과 연결해서, 이것을 솔로몬의 옷과 비교하면서 어떤 일관성을 잃지 않고 있음을 볼 때 뭔가 맞지 않는다는 느낌을 지울 수 없습니다.

그렇기에 이 본문을 문맥에 따라서 살펴 볼 필요가 있다고 생각합니다. 원문으로 보자면 본문은 분명히 키 이야기인 것처럼 보입니다. 하지만 '키'로 번역된 '헬리키아'라는 단어는 '인생의 특정 기간, 특별한 기능을 위하여 적합한 기간, 전성기, 생애의 전 기간, 키' 등으로 다양하게 쓰이는 단어입니다. 여기에 '한 자'로 번역된 '페퀸'이라는 단어는 '팔꿈치, 팔뚝, 큐빗, 뼘' 등으로 쓰였는데 여기서는 측정단위로 쓰였을 것입니다. 이런 단어의 용례를 문맥적 정황에 따라서 조합하면 '너희 중에 누가 염려함으로 자신의 목숨을 한 시간(잠깐)이라도 더 연장할 수 있느냐?'로 번역할 수 있습니다.

이것을 25절과 연관된 문맥 안에서 보면, '목숨을 위하여 음식을

확보하겠다고 생각하는 자들은 어리석은 생각을 하는 것인데, 왜냐하면 그것으로 목숨을 한 시간도 더 연장할 수 없기 때문이다.'라는 의미로 이해됩니다.

; 너희 천부께서 저들을 다 먹이고 입히신다.

우리 생존을 책임지실 것이라는 사실을 더욱 확신할 수 있도록 공중의 새와 들의 들풀(백합화)의 생존방식을 예로 드셨습니다. 이 비유는 누구라도 쉽게 의미를 이해할 수 있을 만큼 명료합니다. 하나님께서는 공중의 새와 들의 들풀까지 먹이시고, 입히십니다. 이들이 목숨에 대한 염려와 몸에 대한 염려가 있기 때문이 아니라 온전히 하나님께서 이들을 먹이고 입히시기에 지금 생존해 있습니다. 하지만 하나님은 그것들의 창조주일 뿐이지 아버지는 아니십니다. 하나님은 우리 하늘 아버지이십니다. 예수님께서는 '너희 천부께서 이 모든 만물의 생존을 책임지고 계시는데, 하물며 하나님 아들인 너희의 생존을 소홀히 하시겠느냐?'고 우리에게 묻고 계십니다.

이처럼 명백한 예시가 있음에도 불구하고 염려하는 마음이 쉽게 지워지지 않는 우리에게 예수님께서는 "[30下]**믿음이 적은 자들아**"라고 말씀하십니다. 믿을만한 것이 없는데도 불구하고 무조건 '믿습니다.' 하는 것도 문제지만, 이처럼 하나님께서 충분히 믿을만하게 경험케 하셨는데도 믿지 못하는 것은 그의 심상에 병이 들어서 나타나는 병리 현상입니다.

예를 들자면 의처증이나 의부증 같은 것입니다. 의심꺼리가 없음에도 불구하고 자신의 머리에서 의심을 생산해 냅니다. 하나님께서 충분히 믿을만하게 하셨음에도 불구하고 믿지 못하는 것도 타락한 인간의 병리적 현상입니다. 예수님께서는 우리가 믿을 수 있을 만큼 큰 실증을 보여주십니다. 그 후에 우리에게 믿음을 요구하십니다. 그러면 믿어야 합니다. 우리가 계속, '그건 그렇게 됐네요. 그러나 다음에는 혹시?'를 반복한다면 이 꾸중을 듣게 될 것입니다.

; 제발, 염려하지 말아라

예수님께서는 이렇게 "믿음이 적은 자들아"라고 꾸중을 하셨지만 그렇다고 완전히 내치지 않으십니다. 다시 한 번 간곡히 타이르십니다.

> [31]그러므로 염려하여 이르기를 무엇을 먹을까 무엇을 마실까 무엇을 입을까 하지 말라 [32]이는 다 이방인들이 구하는 것이라 너희 천부께서 이 모든 것이 너희에게 있어야 할 줄을 아시느니라

이제 지겨워질 만큼 반복되고 있습니다. "염려하지 마라" 너희의 먹고 살 것을 염려하지 말아라. 하나님께서 지켜주실 것이다. 귀에 딱지가 앉을 만큼 강조해서 말씀해 주고 계십니다. 이방인들은 자신들의 생존을 책임지고 보장해 주시는 하나님을 믿지 않고, 알지도 못함으로 자신의 생존을 위해서 무엇을 먹어서 목숨을 연명하고 무엇을 입어서 몸을 안정시킬 것인가를 염려해야 합니다. 그래서 이방인들은 그런 염려로 인하여 간구해 나갈 수밖에 없습니다.

하지만 하나님께서는 이 모든 것이 우리에게 있어야 하는 것을 아십니다. 그렇기에 우리의 구하는 것은 우리의 생존 문제가 아니라 전혀 다른 것이어야 합니다. 그것이 무엇이냐? 33절이 말씀하는 '**그의 나라와 그의 의**'입니다. 우리는 이것을 구해야 합니다.

18 한 날 괴로움으로 족하다

마태복음 6:33-34

----

³³너희는 먼저 그의 나라와 그의 의를 구하라 그리하면 이 모든 것을 너희에게 더하시리라 ³⁴그러므로 내일 일을 위하여 염려하지 말라 내일 일은 내일 염려할 것이요 한 날 괴로움은 그날에 족하니라

　예수님께서 말씀하신 내용의 전체 흐름을 놓치지 않기 위해서 지난 내용을 한 번 정리해보도록 하겠습니다.

　'너희를 위하여 보물을 하늘에 쌓아야 바른 판단이다. 왜냐하면 이 땅은 너희의 보물을 안전하게 지켜주지 못하기 때문이다. 보물 자체가 퇴색되기도 하고, 외부의 힘에 의해서 잃게 되기도 한다. 하늘에서는 이런 일이 일어날 수 없다. 그런데도 불구하고 너희가 땅에다가 보물을 쌓는 이유는 너희 마음이 땅에 있기 때문이다. 너희가 하나님 나라 백성이라고 하면서도 하늘에 보물을 쌓지 않는 이유는 땅의 주인인 재물을 섬기고 있기 때문이다.

　이렇게 되는 이유는 너희가 생존을 염려하기 때문이다. 그러나 잘 생각해봐라. 너희에게 목숨과 몸을 주신 하나님께서 분명한 뜻이 있으시고, 그 뜻을 이루는 일을 위해서라도 너희에게 먹을 것과 입을 것을 공급하여 주신다고 믿는 것이 너무도 당연한 것 아니냐? 그렇지 않으면, 그것은 마치 강한 군사로 훈련을 시켜놓고 막상 전쟁에서 보급품을 제대로 주질 않아서 패하게 만드는 것과 같지 않느냐?

사람은 때론 능력이 부족하고, 어리석기도 하다. 그러나 하나님께서는 공중의 새까지도 먹이실 정도로 능력이 있으신 분이시고, 심지어 그분은 그것들의 아버지가 아니라 너희들의 아버지신데 너희를 굶겨 죽이시겠느냐? 너희는 하나님 자녀이기 때문에 이것들보다 이루 말할 수 없을 만큼 귀하다.

그런데도 너희가 너희 목숨을 보존해야겠다고 염려하고 나선다면 생사가 너희 손에 있다고 믿는 것인데, 그렇다면 누군가가 자신의 목숨을 보존하려고 애를 쓰는 것으로 하나님께서 내신 수명을 한 시간이라도 연장할 수 있을 것 같으냐? 말도 안 된다. 또 너희가 어떻게 자신의 몸을 좀 더 쾌적하고 활성화 되도록 할 것인가를 염려하는데, 들의 백합화를 봐라. 그것들은 따로 뭘 더 입어서 그토록 곱고 완벽한 자태를 가진 것이 아니지 않느냐? 이보다 더 완벽하게 자신의 자신됨을 활성화 할 수 없다. 솔로몬이 가지고 있는 그 모든 영광과 능력을 가지고도 자신을 쾌적화 하고 활성화 했어도 이 꽃과 견줄만한 수준의 아름다움, 최적화에는 미치지 못했지 않느냐? 들의 들풀도 그 내신 본의에 가장 알맞게 최적화 하시는 분이 당신의 자녀들을 그처럼 최적화 하실 것이라고 믿어야 한다.

도대체 왜 그렇게 생각하지 못하느냐? 너희가 하나님께서 너희 아버지이심을 믿지 못하기 때문이다. 믿음이 적기 때문이다. 제발, 이 사실을 믿고 너희 생존과 삶의 최적화를 위해서 너희가 마련해 놓아야 한다는 생각을 버려라. 그런 염려, 생존과 최적화를 위해서 소원을 가지고 힘을 써 나가는 것은 이방인들이 하는 것이다. 너희는 너

희 하늘 아버지께서 너희에게 이 모든 것이 있어야 하는 줄을 알고
계신다.'

; 새는 종일 먹이를 찾아다닌다.

그렇다면 우리는 이제 농사도 짓지 않고, 옷도 만들지 않는 새와
들풀과 같이 온전히 하나님께서 먹이시고 입히실 것으로 믿고 아무
것도 하지 않아야 된다는 말씀인가? 이렇게 이해하는 사람들이 있을
수 있습니다. 저도 그런 이해를 가진 사람들 중에 하나였습니다. 그
런데 왜 그렇게 살지 않느냐? 아무 일도 하지 않고 오직 기도만 하면
서 살려고 아무리 애를 써도, 모든 것을 자폭하는 심정으로 거지가
되기로 하지 않는 한 이렇게 살 수 없음을 경험하게 됩니다.

그러면서도 내가 믿음이 부족하고 기도가 부족해서 그렇다고 생각
해 왔습니다. 인내가 부족해서 그렇지, 조금만 더 믿는 마음으로 참
고 기다렸다면 하나님의 기적적 손길이 와서 나의 삶을 일하지 않으
면서도 풍요롭게 살 수 있도록 만드실 것인데 내가 믿음이 부족해서
결국 내 손으로 일을 하러 나가게 되는 것이라고 생각했습니다.

하지만 예수님께서는 여기서 아무 일도 하지 말라고 말씀하지 않
으셨습니다. 다만, 너희는 너희 생존과 삶의 최적화를 위해서 염려
하지 말라고 하셨을 뿐입니다. 우리에게는 그 말이 그 말 같이 들릴
수도 있습니다. 그러나 이 둘은 분명히 다릅니다.

반론이 있을 수 있습니다. 예수님께서는 공중의 새와 들풀을 예로 들었기에 우리도 이같이 노동을 하지 않아야 한다고 생각할 수 있습니다. 예수님께서 곳간에 곡식을 모으지 않음과 농사와 옷감 짜는 일을 하지 않음을 비유 속에서 말씀하셨기 때문에 충분히 그런 생각을 할 수 있습니다.

그러나 조금만 생각해도 새라고 전혀 노동을 하지 않는 것이 아니며, 풀이라고 자신의 힘을 전혀 쓰지 않는 것이 아님을 알 수 있습니다. 새는 종일 먹이를 찾아다니고, 풀도 흙에 있는 양분을 얻기 위하여 힘차게 뿌리를 뻗고 양분을 빨아들이는 일을 열심히 하고 있습니다. 나무에 청진기를 대보면 힘차게 물을 빨아올리는 소리가 들린다고 합니다. 즉, 나름의 노동은 계속되고 있는 것입니다. 그러므로 예수님께서 예를 드신 공중의 새와 들의 들풀을 노동을 하지 않아도 먹고 산다는 것으로 생각하면 안 됩니다. 노동의 성격에 초점이 있는 것입니다.

새와 들풀의 노동은 미래에 대한 염려를 수반하는 노동이 아닙니다. 이들은 따로 생존과 삶의 최적화에 대한 염려를 하지 않고, 할 수도 없습니다. 그럼에도 그것들은 염려할 기능 없이도 오늘 존재하고, 그 존재의 양태가 솔로몬의 영광으로 만들어 낸 것보다 아름답다는 사실에서 '생존과 삶의 양태는 하나님께서 주시는 것이구나!'를 알라는 말씀입니다.

; 하나님께 구하고 받는 경험이 필요함

그러므로 노동을 하지 말라는 것이 아니라 노동의 동기를 바꾸라는 말입니다. 지속적인 양식과 의복, 지속적인 생존과 삶의 최적화에 대한 염려로 일할 것이 아니다. 라는 말씀입니다. 그렇다면 그것 말고 무엇을 위해서 일해야 한다는 말씀인가? 바로 33절에서 가르쳐 주고 계십니다.

³³너희는 먼저 그의 나라와 그의 의를 구하라 그리하면 이 모든 것을 너희에게 더하시리라

먼저 그 나라와 그의 의를 구하라고 하셨습니다. 여기서 다른 것을 구하지 말고 오직 하나님 나라와 의만 구하라고 하신 것이 아닙니다. 우리 필요를 구하지 않는 것이 훨씬 신령한 것이고, 고도한 신앙인 것처럼 생각하기 쉽습니다. 그러나 그런 태도는 결코 바른 태도가 아닙니다. 이는 오히려 자신이 이 세상에서 하나님을 실존적으로는 안 믿는다는 것을 감추기 위한 교묘한 태도입니다.

우리는 필요를 채워주시는 하나님을 자꾸 경험하지 않으면 하나님을 믿을 수 없습니다. 그런 경험을 통해서 믿음이 쌓이고, 그렇게 쌓인 믿음이 우리의 영원한 운명까지도 인도하실 것이라고 확고히 믿게 되는 것입니다. 우리는 우리 양식과 의복을 분명히 하나님께 구해야 합니다. 그리고 그렇게 구한 것들을 하나님께서 주신다는 경험이 분명히 있어야 합니다.

그런데 이때 먹을 것을 위해서 기도를 하고 거기에 대해서 하나님께서 '그래, 내가 주마. 가져다가 먹어라'라고 하시는데, 이것을 깨닫지 못하고서 '아니요, 하나님. 하나님께서 다 가져다가 밥을 해서 떠 먹여 주셔야 하나님께서 주시는 것이지요. 하고 입만 벌리고 앉아 있는 경우가 있습니다.

이것은 인간에게 왜 이성과 능력을 주셨는지 이해하지 못하는 사람입니다. 인간은 새도 아니고, 식물도 아닙니다. 인간에게는 동물과 다르게 사고하고 판단할 수 있는 인식의 능력, 이성을 주셨고 식물과는 달리 힘을 써서 움직일 수 있도록 하셨습니다. 그런데 그런 것들을 전혀 사용하지 않겠다고 나선다면 자신이 왜 동물이나 식물이 아니라 인간으로 이 땅에 존재하는가, 하나님께서는 왜 나를 인간으로 내셨는가에 대한 이해가 전혀 없는 것입니다. 이런 경우 이 사실에 대한 이해부터 먼저 해야 할 것입니다.

; 먼저 하나님의 나라와 의를 구하라

하나님께서는 우리의 필요를 따라 구한 것을 주실 것인데 그것들을 그렇게 주시는 조건이 있습니다. 먼저 그의 나라와 그의 의를 구하라는 것입니다. '먼저'라고 하니까 순차적 내용이라고 생각하는 사람들이 있습니다. 그래서 자신이 욕심나는 것이 있어도 그걸 먼저 기도하지 말고, 먼저 하나님의 나라와 의를 구한 다음에 자신이 욕심내는 것을 구하면 된다는 식으로 가르치는 사람들이 있습니다.

여기서 '먼저'는 순차적 의미가 아닙니다. 중심된 것, 가장 중요한 것이라는 의미입니다. 즉, '하나님 나라의 의를 구해라. 그러다 보면 하나님 나라와 의를 구해 나가는 일을 위해서 우리에게 필히 요구되는 필요가 생길 것이다. 그것과 연관된 모든 것을 주신다.' 이 말씀입니다. 이는 마치 현장에서 일을 하고 있을 때에 당연히 자재들이 계속 요구되고, 인력이 요구되고, 기술이 요구되는 것과 같습니다. 일을 진행할 수 있도록 이렇게 요청된 것들이 충족되는 것과 같습니다.

때때로 우리는 기도가 잘 이루어지지 않는 경험을 합니다. 반면 초신자 때는 기도가 척척 이루어지는 경험을 합니다. 저의 경험으로 초신자 때에는 하나님께서 당신의 살아계심을 확신시켜 주시려고 이런 경험을 하도록 하시는 것 같습니다. 그러나 조금 시간이 지나면서부터는 기도가 이루어지는 일이 드물게 됩니다. 이내 기도를 해서 뭘 얻는다는 것은 어려운 문제라고 느끼게 됩니다.

그러다 보니 두 가지 방향의 기도를 하게 됩니다. 하나는 기도한 내용이 이루어진 것인지 아닌 것인지 모호한 것들에 대한 기도로 옮겨 갑니다. 두리뭉실한 기도만 하는 것입니다. 하나님의 영광이 나타나기를 기도하고, 국가와 민족을 위한 기도, 세계 평화를 위한 기도 등과 같이 뭔가 거창하지만 딱히 기도가 들어진 것도 아니고 이루어지지 않았다고 느낄 수도 없는 기도를 합니다. 다른 하나는 기도를 쭉 펼쳐 놓고, 걸리면 좋고 안 걸리면 마는 식의 기도를 합니다. 마치 곳곳에 지뢰를 묻어 놓는 식으로 기도해 놓고 걸리는 대로 하나님께서 기도에 응답해 주셨다고 합니다.

이런 식의 기도는 그의 나라와 그의 의를 구하는 것이 아닙니다. 이런 기도가 바로 중언부언하는 기도이며, 외식하는 기도입니다. 자신의 정욕을 위해서 구하는 기도입니다. 이것은 이방인들의 모습입니다. 이방인들, 그리스도인이 아닌 세상 사람들 대부분이 다 이런 기도를 하고 삽니다. 어떤 종교인이라도 이런 형식과 내용에서 크게 다르지 않습니다.

하지만 진정한 그리스도인의 기도는 하나님 나라와 그 의를 이 땅에서 실현하는 일에 내가 쓰임을 받기 위한 것입니다. 그렇게 하기 위해서 먼저 자신에게 맡기신 사명이 무엇인지 깨달아야합니다. 그리고 그 사명을 위해서 지금 나는 무엇을 해야 하는지 이성을 사용하여서 생각을 하고 판단을 해야 합니다. 물론 이것이 다 맞는 것은 아닙니다. 그 다음에 내가 사명을 수행하려고 할 때에 구체적으로 부족한 것들을 발견하게 되고, 또 필요한 것들이 구체화 됩니다. 이것들을 하나님께서 주시기를 기도하면 주실 뿐 아니라 풍성히 주십니다. 그 사명을 수행해 나가도록 '이 모든 것'을 더하십니다. 그렇기에 생존과 삶의 최적화를 위해서 염려하지 말라는 것입니다.

; 내일 일을 염려하라?

이제 6장의 마지막 구절인 34절을 보도록 하겠습니다. 이 구절은 대단히 유명합니다. 그런데 일종의 규칙이 있습니다. 유명한 구절일수록 오해되어 전달되고 있는 경우가 많다는 것입니다.

^{34}그러므로 내일 일을 위하여 염려하지 말라 내일 일은 내일 염려할 것이요 한 날 괴로움은 그날에 족하니라

이 본문을 있는 그대로 이해하자면 내일 일을 염려하지 말라는 것이 아니라 내일 일은 내일 염려하라고 하고 있습니다. 이것은 우리가 결국 날마다 염려를 하고 살게 되어 있으니 매일 염려를 하라는 내용이 됩니다. 오늘은 어제의 내일이었으니까 어제의 내일 염려가 오늘 우리에게 와서 오늘 우리를 염려하게 만들고 있는 것입니다. 이럴 바에는 차라리 내일 일을 오늘 염려하는 것이 좀 더 낫습니다. 왜냐하면 염려를 하면 어떤 방책이 생기기 마련이기 때문입니다. 염려를 해도 방책이 안 나오면 최소한 마음의 준비라도 할 수 있습니다. '에이, 할 수 없지!'

예수님께서는 매일 이렇게 염려가 다가오는데 어떻게 우리에게 내일의 염려를 하지 말라고 하실 수 있는가? 본문의 의미는 분명히 그 뜻이 아닙니다. 여기서의 말씀이 미래에 대한 방책을 마련하지 말라는 말씀은 더더욱 아닙니다. 망대를 쌓기 전에 계산을 해봐야 하고, 전쟁에 나가기 전에도 계산을 해보고 화친을 하라고 하셨습니다. 너무도 당연한, 하나님께로부터 이성을 부여 받은 자가 가장 기본적으로 해야 하는 일이 미래의 방책을 마련하는 것입니다.

; 오늘은 염려도 괴로움도 없다

그렇다면 이 구절은 어떻게 이해해야 하는가? 원문에 대한 번역을

새롭게 해석해 보면 답을 찾을 수 있습니다. 먼저 우리말 성경에서 '괴로움'으로 번역된 단어는 '카키아'인데 이는 '수고, 노고, 재난' 등의 의미로 쓰입니다. 그렇다고 해서 꼭 '괴로움'으로 번역할 필요가 있는 것은 아닙니다. 문맥에서 그냥 '한 날의 수고는 그 날에 족하니라.'로 번역해도 무방합니다. 이렇게 보면 오늘은 괴로움은 없는 것이며, 그렇기에 염려도 없습니다. 지금 6장의 문맥상 염려는 생존에 대한 염려인데, 오늘 하나님의 돌보심으로 생존하고 있으니 말입니다. 그렇기에 오늘은 그저 내가 사명을 위해서 힘써 일해야 하는 수고로움이 있을 뿐입니다.

그런데 이렇게 오늘 염려 없이 산 사람이라 해도 내일, 미래를 생각하면 인간은 미래를 알 수 없는 존재이기 때문에 믿음이 흔들리고 거기서 염려가 일어날 수 있습니다. 그리고 우리가 앞에서 보았듯이 염려, 특히 미래에 대한 염려가 있으면 인간은 물질주의에 빠지게 됩니다. 이런 우리의 연약성을 아시기 때문에 예수님께서 이 말씀을 해 주신 것입니다. 원문을 직역해 보겠습니다.

'내일 일을 걱정하지 말라. 내일 걱정은 내일이 맡아서 할 것이다. 한 날의 수고는 그 날에 족하니라.'

직역으로 확연히 다르게 드러나는 부분이 있음을 보십시오. '내일 걱정은 내일이 맡아서 할 것이다' 우리말 성경은 이 부분을 수사학적으로 이해해서 '내일 일은 내일 염려할 것이요'라고 하고 번역하였는데, 과연 옳은 번역인지 모르겠습니다. 이 문맥의 핵심 개념인

'염려'해야 하는 주체가 '내일'에서 '우리'로 바뀌어버렸기 때문입니다. 이것을 수사학적으로 이해하기 보다는 원문 그대로 이해해야 한다고 생각합니다. 그래야 말이 됩니다. 위의 직역을 통해서 이 구절을 이해하자면 다음과 같은 내용이 됩니다.

'내일 일을 염려하지 말라. 왜? 내일 일은 내일이 도래해서 너희 앞에 오늘이 되기 전에 내일이라는 시간이 맡아서 처리할 것이고, 그러면 너희 앞에는 한 날의 수고 밖에 남질 않고, 너희는 그것을 감당하는 것으로 족하다'

; 내일이 오늘이 되기 전에 해결할 일

오늘 우리가 볼 때 내일이라고 말하여지는 미래는 참으로 암담합니다. 너무도 많은 염려들이 존재합니다. 하지만 시간의 흐름 속에서 역사의 진전이 있을 것입니다. 하나님께서는 역사를 경영하시면서 우리 앞에 우리가 감당할 수 있을 만한 오늘을 가져다주십니다. 그렇기에 우리는 내일 일을 염려하지 않아도 되는 것입니다.

그런데 염려를 하면 내 쪽에서 뭔가 방책을 마련해야 한다고 생각하게 되고, 그 방책이라는 것은 결국 자신을 믿는 것으로 나타나거나 돈을 믿는 쪽으로 나타나거나, 힘을 믿는 쪽으로 나타납니다. 염려하지 않는 것이 하나님을 신뢰하는 것입니다. 하나님께서 전능하신 능력으로 하나님 나라와 의가 승리하게 하실 것이며, 그것을 이 세상 역사 가운데서 날마다 진전된 모습으로 드러내실 것임을 믿는 것입니다. 실존적 미래가 하나님 나라와 의에 대해서 절망적 전망이 대세를 이루며, 우리 이성이 그런 판단을 내리게 만든다 할지라도 우리는 하나님의 하나님 되심을 믿고 나가면 됩니다.

오늘 우리가 하나님 나라와 그 의를 위해서 수고한 것으로 족하다고 하십니다. 우리 눈에 어둡게 보이는 그 내일 일은 하나님께서 내일(역사)에게 맡겨서 시간 속에서 해결하게 하실 것이니 우리는 하나님을 믿고 오늘 수고한 것으로 충분합니다. 내일이 오늘이 되어오면 또 오늘처럼 미래를 어둡게 생각하지 말고, 하나님을 믿고 하나님께서 경영하시는 역사의 종국의 모습을 그리면서 거기에 잇대어 오늘 일을 해야 합니다.

19 비판하지 말라하신 예수님의 비판

마태복음 7:1-12

----

¹비판을 받지 아니하려거든 비판하지 말라 ²너희의 비판하는 그 비판으로 너희가 비판을 받을 것이요 너희의 헤아리는 그 헤아림으로 너희가 헤아림을 받을 것이니라 ³어찌하여 형제의 눈 속에 있는 티는 보고 네 눈 속에 있는 들보는 깨닫지 못하느냐 ⁴보라 네 눈 속에 들보가 있는데 어찌하여 형제에게 말하기를 나로 네 눈 속에 있는 티를 빼게 하라 하겠느냐 ⁵외식하는 자여 먼저 네 눈 속에서 들보를 빼어라 그 후에야 밝히 보고 형제의 눈 속에서 티를 빼리라 ⁶거룩한 것을 개에게 주지 말며 너희 진주를 돼지 앞에 던지지 말라 저희가 그것을 발로 밟고 돌이켜 너희를 찢어 상할까 염려하라 ⁷구하라 그러면 너희에게 주실 것이요 찾으라 그러면 찾을 것이요 문을 두드리라 그러면 너희에게 열릴 것이니 ⁸구하는 이마다 얻을 것이요 찾는 이가 찾을 것이요 두드리는 이에게 열릴 것이니라 ⁹너희 중에 누가 아들이 떡을 달라 하면 돌을 주며 ¹⁰생선을 달라 하면 뱀을 줄 사람이 있겠느냐 ¹¹너희가 악한 자라도 좋은 것으로 자식에게 줄 줄 알거든 하물며 하늘에 계신 너희 아버지께서 구하는 자에게 좋은 것으로 주시지 않겠느냐 ¹²그러므로 무엇이든지 남에게 대접을 받고자 하는 대로 너희도 남을 대접하라 이것이 율법이요 선지자니라

본문은 모두가 잘 아는 내용입니다. 1-2절의 비판을 받지 아니하려거든 비판하지 말라는 말씀도 유명하고, 3-5절의 눈에 들어 있는 티와 들보의 비유도 유명합니다. 거룩한 것을 개와 돼지 앞에 주지 말라는 6절 말씀도 유명합니다. 구하라, 찾으라, 문을 두드리라는 7-8절은 열정적 기도를 촉구하는 구절로 정말 엄청나게 쓰이는 구절입니다. 특히 12절의 남에게 대접 받고자 하는 대로 남을 대접하라는 말씀은 일반적으로 황금률이라고 불릴 만큼 유명합니다.

그런데 유명한 구절일수록 오히려 크게 왜곡되어 있을 수 있어 성경 본문이 말씀하는 것과 정반대의 내용으로 이해되고 있는 경우가 허다합니다. 유명한 구절일수록 오해되고 있다는 것이 공식처럼 보일 정도입니다. 성경의 생각을 따르려고 하기 보다는 인간의 입맛에 맞는 방식으로 해석될 가능성이 높은 구절이 자연스럽게 유명해지다보니 이런 현상이 나타나고 있는 것이 아닌가 싶습니다.

; 본문에 대한 선입견

일단 본문으로 들어가서, 본문을 읽으면서 사람들은 어떤 인상을 받게 될까요? '비판을 받지 아니하려거든 비판하지 말라'고 하신 1절이 너무도 강렬한 인상을 주게 됩니다. 또한 2-5절까지 내용도 1절내용과 어우러져서 다른 사람들과 잘 지내는 좋은 사람이 되는 방법, 더할 나위 없이 좋은 처세술에 대한 가르침으로 보입니다. 여기에 6절 내용을 통해서 심리적 위로와 우월감까지 확보해 줌으로써 리더가 가져야 할 덕목과 자질을 길러주고 계신다고 생각하게 됩니다.

이 말씀으로 인하여 많은 사람들이 비판을 하는 것이 그리스도인답지 못한 행동이라고 여깁니다. 다른 사람들과 잘 지내고, 다른 사람들로부터 좋은 사람으로 평가를 받기 위해서는 비판을 삼가야 합니다. 내가 비판을 가하면 저쪽에서도 나를 비판하게 됩니다. 비판하면 비판 받게 되는 것은 세상의 당연한 이치입니다. 사정이 이렇다보니 교회 안에서조차 '좋은 것이 좋은 것'이라는 생각이 만연해졌습니다. 그래서 가장 기본적인 옳고 그름을 가리는 일 조차도 "비판하지 말라"는 본문에 무참히 짓밟히는 일이 많습니다.

하지만 비판이 없으면 그 사회는 윤리적으로 도덕적으로 타락해갑니다. 그뿐 아니라 모든 학문적이고 문화적 측면에서도 발전을 기대할 수 없고 점점 퇴보합니다. 한국교회의 보편적 윤리의식이 오히려 세상으로부터 손가락질 당할 만큼 처참하게 무너져 버린 가장 큰원인도 교회 내부의 비판의 부재 때문입니다.

내부 비판에 대한 저항은 어느 집단에나 존재하지만 특히 교회 안에서 심한 이유가 오늘 본문으로 인하여 더욱더 심화된 면이 있습니다. 과연 예수님께서는 이러한 측면을 전혀 모르셨기 때문에 비판하지 말라고 하신 것일까? 비판하지 말라고 하면 현재 기득권을 가진 자들에 대한 최소한의 견제도 불가능해지고 따라서 사회는 철저히 윤리적으로 타락하는데, 우리는 하나님의 심판하심만 기다리고 있으라고 하신 것인가?

; 비판에 대한 성경 전체의 시각

예수님께서는 왜, 비판하지 말라고 하셔서 당신의 교회들이 일반적이고 상식적 비판 기능이 현저히 저하되도록 하셨을까? 이 본문을 살펴보면서 기존의 많은 해석들이 본문을 상당히 오해하고 있다는 결론에 이르렀습니다. 이것을 몇 가지로 논증해 나갈 것입니다.

첫 번째 논증은 비판에 대한 성경 전체의 시각을 살펴보는 것으로 시작하고자 합니다. 비판에 대해서 성경의 다른 부분은 어떻게 가르치고 있을까? 일단 구약은 어떨까요?

잠17:15 악인을 의롭다 하며 의인을 악하다 하는 양자는 다 여호와의 미워하심을 입느니라

구약의 시편이나 잠언에는 악인에 대한 비판이 무수히 많이 나옵니다. 아주 적극적인 저주의 말씀이 많이 기록되어 있습니다. 위의 구절에서도 악인을 의롭다고 해서는 안 된다고 하셨습니다. 선지자들의 역할은 늘 비판하는 것이었습니다. 왕을 비판하고, 귀족들을

비판하고, 관료들을 비판하고, 제사장들과 백성들까지 선지자들의 비판을 피할 수 있던 사람이 없을 정도였습니다. 그렇다면 신약은 좀 다를까요?

^{갈1:8}그러나 우리나 혹 하늘로부터 온 천사라도 우리가 너희에게 전한 복음 외에 다른 복음을 전하면 저주를 받을지어다 ⁹우리가 전에 말하였거니와 내가 지금 다시 말하노니 만일 누구든지 너희의 받은 것 외에 다른 복음을 전하면 저주를 받을지어다

사도 바울도 저주를 하고 있음을 볼 수 있습니다. 스데반 집사도 유대인들을 강력히 비판하여 결국 순교에 이르게 된 것입니다. 신구약 모두 아주 적극적으로 비판에 대해서 기록하고 있습니다. 그러므로 본문의 말씀을 이러한 성경 전반의 흐름과 반대로 전혀 비판하지 말아야 한다는 뜻으로 보기에는 문제가 있어 보입니다.

; 비판하지 말라던 예수님께서 하신 비판들

두 번째 논증은 예수님께서 비판에 대하여 어떤 입장을 보이셨는지를 살펴보는 것으로 진행하고자 합니다. 본문의 맥락과 다른 본문들에서 보여 주신 모습을 살펴보면 비판을 반대하셨다는 사실이 납득되지 않을 것입니다.

예수님께서는 오늘 본문 7:5에서 '외식하는 자'라는 비난과 그들의 눈에 들보가 있기에 제대로 못보고 있는 것이라고 비판하셨습니다. 6절에서는 이들을 개와 돼지에 비유하고 계십니다. 이는 모욕적 언사입니다. 또한 예수님께서는 수시로 랍비들과 바리새인들, 사두개인들을 맹비난 하셨습니다. 특히 바리새인들은 예수님으로부터 독사의 자식이라는 비난과 저주를 수 없이 들었습니다.

여기까지의 논증을 통하여 '예수님께서 절대로 비판하지 말라고 하신 것은 아니구나!'라는 생각을 하실 수 있을 것입니다. 역사적 교회 안의 좋은 선생님들은 우리의 비판과 헤아림은 곧 하나님께서 우리를 심판하시고 용서하시는 기준으로 작용한다고 가르치셨습니다. 우리가 남을 판단할 때 신중할 것을 가르친 것입니다. 이렇게 보면 성경전체와 오늘 본문 사이에 충돌은 사라집니다.

; 본문에 대한 역발상

그런데 저는 뭔가 잘 맞지 않는다는 느낌을 버릴 수가 없었습니다. 그래서 본문에 대해서 좀 더 고민하던 중에 전혀 다른 방향으로 해석하게 되었습니다. 더 좋은 주해가 있다면 수정할 수도 있으며 철회할 수도 있습니다. 그러므로 저의 이 본문에 대한 이해는 임시적입니다.

이제 세 번째 논증으로 들어가겠습니다. 본문에 대한 기존의 접근법과는 완전히 반대 방향입니다. 1-5절은 동일한 대상을 향해 있습니다. 예수님께서는 그들을 5절에서 '외식하는 자'라고 부르셨습니다. '외식하는 자'란 복음서에서 바리새인들과 사두개인들, 유대교지도자들을 지칭하는 용어로 쓰였습니다.

그런데 5장 1절에 보면 '예수께서 무리를 보시고 산에 올라가 앉으시니 제자들이 나온지라'라고 했습니다. 무리가 예수님을 보았고, 그중에서 제자들만 예수님을 따라 올라와서 산상수훈을 듣고 있음을 의미합니다. 이렇게 보자면 예수님께서는 예외적으로 이 본문에서만 자신의 제자들을 '외식하는 자'라고 부르셨다고 할 수 있습니다.

하지만 흥미로운 사실이 있습니다. 7:28에 보면, '예수께서 이 말씀을 마치시매 무리들이 그 가르치심에 놀라니'라고 기록되어 있습니다. 여기서는 청중이 제자들이 아니라 무리로 바뀌어 있습니다. 이에 대해서도 신학적으로 여러 가지 복잡한 논란이 많습니다. 제자들이 많아서 무리라고 했다는 주장부터 성경의 오류를 이야기하는 사람까지 다양합니다. 저는 여기에 가장 단순한 답을 해보겠습니다. '제자들'은 제자들이고, '무리'는 무리라고 보자는 것입니다.

예수님께서는 5장 1절이 증언하는 대로 무리들과 접촉하신 후에 산에 올라가셨습니다. 그때 처음에는 예수님의 제자들만 예수님을 따라서 산으로 올라온 것입니다. 그 뒤에 시간이 지나 어느 시점에 무리들이 예수님과 제자들이 있는 곳으로 모여들어서 함께 산상수훈을 듣게 되었다는 것이 저의 견해입니다.[1] 이렇게 보아야 5:1과

---

1   산상수훈을 한 자리에서 하신 강설이 아니라 여러 강설을 모아 정리한 것으로 보는 견해도 있다. 이 경우에는 청중 사이에 '외식하는 자'가 함께 있었을 수 있는 가능성이 더 많기 때문에 이 문제가 더 쉽게 설명될 수 있다.

7:28이 모순되지 않고, 복잡하지 않게 설명됩니다. 또한 이렇게 보면 산상수훈에서 강력하게 대립적으로 나타나는 '제자들'과 '외식하는 자들'의 대립구조와도 잘 맞아 들어갑니다.

; 성경의 장과 절 구분은 절대적인 것이 아님

네 번째 논증으로 나가겠습니다. 문맥적 증거를 살펴보도록 하겠습니다. 오늘 본문은 6장이 끝난 다음에 7장에 나오기 때문에 6장과 연관성을 깊이 고민하지 않는 경향이 있습니다. 하지만 성경의 장과 절 구분은 처음부터 있던 것이 아닙니다.[2] 장이 나뉘어 있다고 하여도 앞과 뒤 주제와 맥락, 문맥의 자연스러운 연결을 기대하며 성경을 해석해야 합니다.

7:1-6은 6장 마지막 부분과 7장의 맥락에 매끄럽지 못하게 걸쳐 있는 느낌을 줍니다. 마치 전혀 새로운 이야기가 진행되듯이 비판하지 말라는 일반적 교훈이 나옵니다. 그 다음 7:7-11은 다시 6장 마지막 부분의 주제로 돌아가고 있습니다. 간략히 정리해 보겠습니다.

6:25-34 새와 풀처럼 염려함 없이 오직 하나님 나라와 그 의를 구하며 살면 하나님께서 모든 것을 주신다. **염려하지 말라.**

7:1-6 들보에 가려진 눈으로 비판하지 말라. 거룩한 것을 개, 돼지

---

2 장의 구분은 스테판 랭톤이 226년에 라틴어 성경을 장으로 구분한 것이고, 절의 구분은 이 보다 훨씬 늦은 1551년에 인쇄업자들이 자신들이 찍어낸 성경의 차별성을 보이려고 시작한 것이다.

에게 주지 말라. 너희를 상할까 **염려하라.**

　7:7-11 구하고 찾고 두드려라. 인간 아버지도 자녀에게 좋은 것을 주는데, 너희 천부께서 우리에게 좋은 것을 주시지 않겠느냐?(그러니 **염려하지 말라**)

　염려하지 말라는 것은 6장 후반과 7장 중반까지의 주제인데, 심지어 7:6은 '염려하라'고 하셨습니다. 거룩한 것을 개와 돼지에게 던지는 것은 상해를 입을 수 있으니 염려하라고 하십니다. 이처럼 7:1-6은 명백히 주체를 이탈하고 있습니다. 이 부분을 빼고 앞 뒤 맥락은 동일한 주제의 반복이며 변주곡입니다. 이것을 한 번 확인해 보시지요. 7:1-6을 빼고서 6:33-34, 7:7을 연결하여 읽어 보겠습니다.

　너희는 먼저 그의 나라와 그의 의를 구하라. 그리하면 이 모든 것을 너희에게 더하시리라. 그러므로 내일 일을 위하여 염려하지 말라. 내일 일은 내일이 염려할 것이라. 한 날 수고는 그날에 족하니라. 너희는 구하라. 그러면 너희에게 주어질 것이요. 너희는 찾으라. 그러면 찾을 것이요. 문을 두드리라. 그러면 너희에게 열릴 것이니.

　어떻습니까? 하나님 나라와 의를 구하라는 말씀을 중심으로 반복되면서 자연스럽게 이어지고 있지 않습니까? 7:1-6을 빼고서 연결하면 어디가 6장의 끝이고 어디가 7장으로 넘어간 것인지 구별하기 어려울 정도로 자연스럽게 이어지고 있습니다.

; 비판에 대한 응답으로 '비판하지 말라'

성경은 결코 비판에 대해서 소극적이지 않으며 예수님께서도 마찬가지입니다. 예수님께서는 여러 사람들에게 자주, 그리고 적극적으로, 때로는 과격한 방식으로 비판하셨습니다. 또한 본문의 정황을 살펴볼 때에 예수님께서 강설하시는 중간에 무리들이 합류하였으며, 거기에 몇몇 '외식하는 자'들이 포함되어 있었고 그들에게 1-5절을 말씀하신 것임을 알 수 있습니다. 그러므로 1-5절 내용, 특히 '비판하지 말라'는 말씀을 지금까지 일반적으로 생각하던 것과는 전혀 다른 의미로 이해해야 한다는 결론 앞에 와 있습니다.

결론을 정리해 보자면 이렇습니다. 예수님께서 구제와 기도와 금식에 대해서 가르치신 후에 오직 하나님을 믿고 살아야 함을 새와 들풀의 비유를 통해서 말씀해 주셨습니다. 염려를 버리고 모든 것을 하나님께 구하면 하나님께서 다 주실 것이니 걱정하지 말라는 말씀을 하셨습니다. 그러자 나중에 무리들 속에 끼어서 올라온 '외식하는 자'들이 자신의 정체를 드러내며 예수님의 이 말씀에 반발한 것입니다. 아마도 예수님께서 구제와 기도와 금식의 문제를 통하여 '외식하는 자'를 비판하실 때에 속에 분을 품고 있던 자들이 아무 염려도 하지 말고 하나님께 구하기만 하면 다 주실 것이라는 말씀을 하시자 참지 못하고 마음속으로 비판했을 것입니다. 아니 어쩌면 '말도 안 되는 이야기'라고 무리를 요동시키려고 웅성거렸을지도 모릅니다.

예수님께서는 이에 즉각적 응답으로 '외식하는 자들'을 향해 눈을 들어 보시면서 '비판하지 말라'(1-5절)는 말씀을 하신 것입니다. 예수님께서 이들의 비판에 반론을 제기하시면서 너희 눈에 아주 큰 장애물(들보)이 놓여 있어서 그렇게 보이는 것이라고 비난하셨습니다. 그리곤 6절에서 고개를 돌려 당신의 제자들을 보시고 '외식하는 자'들은 개나 돼지와 같아서 복음의 진리를 알아보지 못하고 덤비고 있다는 말씀입니다.

그리하여 7:7-11에서 다시, 어떻게 하여 우리가 염려 없이 살 수 있는지 논증하셨습니다. 6장에서 새와 들풀을 먹이시는 분이 그들의 아버지가 아니라 너희들의 하늘 아버지이심을 가지고 논증하시며 믿으라고 하셨는데, 이에 대해서 비판이 나오자 즉각적으로 답을 하시고 논증을 보충하고 계신 것입니다.

'너희가 비판한 것에 대한 나의 대답은 이것이다. 믿고 구해라. 그러면 주신다. 찾아봐라. 찾게 될 것이고, 두드리면 열린다. 믿어봐라. 악한 아버지라도 좋은 것을 주는데 하물며 하늘에 계시는 너희 아버지께서 좋은 것을 안 주실 것이라고 생각하는 것이 정당하냐?' 이렇게 폭풍처럼 몰아부치고 계십니다.

; 만들어진 예수님의 모습

이 모습은 기존에 그려지는 인자하고 온화하신 예수님 모습이 전혀 아닙니다. 예수님께서 전하신 복음에 대한 반발과 비판이 있을 경우에는 조금의 지체하심 없이 곧 바로 그 자리에서 강력히 대응하시고, 반론하고 계십니다. 우리가 이 본문에 귀를 기울인다면 예수님의 격앙된 목소리를 들을 수 있습니다. 예수님께서는 감성이 풍부하셨습니다. 화도 내시고, 울기도 하셨습니다. "이 독사의 자식들아! 누가 너희 더러 임박한 진노를 피하라 하더냐?"라고 욕하고 꾸짖으신 예수님입니다. 이것은 당시에 최고로 심한 욕이었습니다. 이 모습과 오늘 본문에 대한 저의 해석은 전혀 모순되지 않고 너무도 잘 맞습니다.

이는 산상수훈의 흐름과도 정확하게 맞아 떨어집니다. 산상수훈에서의 예수님의 가르침들은 일관된 비판이었습니다. 5장에서는 '너희는 ~하게 들었으나, 나는 너희에게 이르노니'라고 하시면서 기존의 질서, 기존의 가르침들에 대한 정면적인 도전이며 비판을 행하셨습니다. 6장에서는 기존의 기득권층을 향하여 '외식하는 자들'이라고 하시면서 그들의 행위를 고발하셨습니다.

자신의 제자들에게 오른 뺨을 맞으면 왼뺨까지 돌려대면서 까지 가던 길을 멈추지 말라고 지시하신 분입니다. 이처럼 강력한 비판으로 일관하시던 분이 갑자기 비판하지 말라고 하셨다는 것은 도무지 그림이 맞질 않습니다. 7장 나머지 부분도 한 번 읽어 보십시오. 강력한 비판으로 일관하고 계십니다.

우리는 너무 나약하게 채색되어 있는 복음을 접하고 있는 것이 아닌가 생각하게 됩니다. 아마도 우리 자신이 나약함을 찾아다니고, 만들어 낸 것일 것입니다. 예수님께서 그런 모습을 하고 계신 것이 아니라 내가 그런 모습을 예수님께 덧칠하고 그런 예수님을 믿겠다고 나서고 있는 것입니다.

하지만 복음의 본의를 진정으로 살피고 깨달았던 자들은 한결 같이 복음의 혁명성을 이야기합니다. 복음에 대한 바른 이해를 도모했을 때, 종교개혁이 일어났습니다. 더 이상 나 자신이 만들어 낸 예수님의 모습을 따르지 말고, 성경이 말씀하는 예수님을 따라야 할 것입니다.

물론 언제 어디서나 싸우는 싸움닭이 되라는 말씀은 결코 아닙니다. 무슨 일에든지 자신의 불편을 적극적으로 찾아내고 불만을 표하는 것이 정의로운 것이라 착각하는 사람이 되라는 것이 아닙니다. 예수님께서는 '도수장으로 끌려가는 어린 양과 털 깎는 자 앞에서 잠잠한 양 같이 그의 입을 열지 아니하였도다.'(이사야53:7)는 말씀처럼 자신에게 가해지는 핍박과 죽음의 길을 묵묵히 가셨습니다. 이것은 옳고 그름에 대해서 침묵하셨다는 것이 아닙니다. 자신이 당할 일을 억울해하지 않으셨다는 말씀입니다. 자신의 불편과 억울함이 아니라 하나님의 말씀에 대한 도전과 진실을 왜곡하며 외식하는 자들에 대해서 침묵하지 말라는 것입니다.

20 좁은 문과 넓은 문

마태복음 7:13-20

----

¹³좁은 문으로 들어가라 멸망으로 인도하는 문은 크고 그 길이 넓어 그리로 들어가는 자가 많고 ¹⁴생명으로 인도하는 문은 좁고 길이 협착하여 찾는 이가 적음이니라 ¹⁵거짓 선지자들을 삼가라 양의 옷을 입고 너희에게 나오나 속에는 노략질하는 이리라 ¹⁶그의 열매로 그들을 알지니 가시나무에서 포도를, 또는 엉겅퀴에서 무화과를 따겠느냐 ¹⁷이와 같이 좋은 나무마다 아름다운 열매를 맺고 못된 나무가 나쁜 열매를 맺나니 ¹⁸좋은 나무가 나쁜 열매를 맺을 수 없고 못된 나무가 아름다운 열매를 맺을 수 없느니라 ¹⁹아름다운 열매를 맺지 아니하는 나무마다 찍혀 불에 던지우느니라 ²⁰이러므로 그의 열매로 그들을 알리라

; 문과 길이라는 표상이 의미하는 것

　문과 길에 대한 비유는 두 개의 표상을 통하여 하나의 이미지를 그리고 있습니다. 좁은 문과 협착한 길이 합하여 주는 하나의 이미지와 넓은 문과 넓은 길이 주는 하나의 이미지를 대조하면서 메시지를 전달하고 있는 것입니다.

　먼저 문이라는 표상을 보겠습니다. 문이란 담, 울타리와 함께 있으면서 구역을 명확히 나누는 역할을 합니다. 문과 담이 다른 것은 담은 그저 막는 역할만을 하는 반면에 문은 출입을 가능하게 한다는 것입니다. 그런데 문의 역할은 출입이 가능하면서도 동시에 통제가 주된 목적입니다. 주인이 허락한 사람들만 그 안쪽으로 들어갈 수 있고, 다른 이들은 막는 것이 문의 역할입니다.

　그러므로 본문의 '문으로 들어간다.' 는 표상이 가리키는 것은 어떤 회(會)에 가입함을 의미합니다. 그리스도인들의 모임도 회(會)입니다. 교회(教會)라고 부릅니다. 회(會)에는 자신들 나름의 목적과 방향이 있습니다. 그 목적과 방향에 동의하는 사람들이 모임에 참여합니다. 조금 더 조직적 회(會)가 되면 나름의 강령이 존재합니다. 그리고 강령은 곧 그 회의 구성원 즉, 회원들의 고백이며 준수해야 할 법이 됩니다. 고백과 법이 되는 강령이 그 회를 다른 것과 구분하며 지켜주는 담의 역할을 하게 됩니다.

이번에는 길이라는 표상을 생각해 보겠습니다. 길이란 기본적으로 도로를 의미합니다. 그렇지만 '고향으로 가는 길'과 같은 서정성을 의미하기도 하고, '인류가 걸어 온 길'과 같이 전개 과정을 말하기도 합니다. '배움의 길, 선진국으로 가는 길'처럼 방향, 지침, 목적을 지칭하는 데도 쓰이고, '스승의 길, 어머니의 길'처럼 의무와 도리를 지칭하는 데도 쓰입니다. 방법이나 수단을 의미하기도 합니다.

이처럼 길이라는 표상은 여러 가지 의미로 쓰입니다. 하지만 이 모두는 '과정과 목적'으로 정리됩니다. 어떤 목적지에 도달해 가는 과정과 도착, 그 전체 여정을 길이라는 표상으로 나타내는 것입니다.

; 좁고 넓음이 의미하는 것

또한 좁고 넓음이란 그 문과 길의 성격을 나타내고 있습니다. 넓다는 것은 많은 사람들이 따를 만큼 대중의 지지를 받고 있는 것이고, 반면에 좁음은 찾는 이가 적다고 하셨을 만큼 대중적 지지를 받기 어렵다는 것을 나타냅니다. 예수님께서는 우리의 길은 선지자들과 같이 박해받는 길, 협착한 길이 될 것이라고 말씀해 주셨습니다(마 5:12). 좁다는 것이 복음의 특성입니다. 복음이 제대로 선포되면 사람들은 말씀으로 인하여 심히 힘들어하게 됩니다. 자신, 자아를 죽이라는 성경의 요구 앞에서 어려워하지 않을 인생이 없습니다. 많은 사람들이 이 길을 회피하게 됩니다. 당연히 다수를 이룰 수 없습니다.

그렇다면 우리는 소수의 길을 가기만 하면 되는가? 소수의 길이 무조건 옳은 길이 되는 것은 아닙니다. 소수일수록 심각한 문제를 가지고 있으면서도 자신들만 보지 못하고 나가고 있는 경우도 많습니다. 사람들이 다수를 따르게 되는 이유 중에는 소수집단들이 이런 문제들을 많이 가지고 있기 때문입니다. 그렇기에 좁고 협착한 길을 가고 있다 할지라도 늘 자신을 점검해야 합니다. 자신들의 성경 해석과 교회의 행보를 교회의 역사에 비추어 살펴야 합니다.

; 거짓 선지자를 분별할 수 있도록

예수님은 자신을 올바르게 따라가기 위해서 유념해야 할 것들을 가르치셨습니다. 거짓 선지자에 대한 경고를 말씀을 하셨습니다. 이 경고를 강조하기 위해 변주곡처럼 점층적 변화로 메시지를 반복 강화해 주셨습니다.

첫 번째, 15-20절에서는 좋은 나무와 나쁜 나무를 대조하며 겉모습에 속지 않도록 하라고 하셨습니다. 두 번째, 21-23절에서는 불법적 신앙과 바른 신앙으로 나뉘는 것이니 잘 분별하라 하셨습니다. 그리고 세 번째, 24-27절은 '반석/모래'라는 대조적 물질로 이루어진 두 집의 기초를 신앙의 기초와 연결한 가르침을 주셨습니다.

이 세 가지 비유는 모두 15절, '거짓 선지자들을 삼가라 양의 옷을 입고 너희에게 나오나 속에는 노략질하는 이리라'는 말씀을 전제로 해석해야 바른 이해가 됩니다. 예수님께서 우리가 분별력이 없어서 거짓 선지자들을 쫓아갈 것을 염려하여 이처럼 한 가지 주제에 대한 비슷한 비유를 세 번이나 하셨습니다. 반복학습을 시키고 계신 것입니다. 그만큼 중요한 문제이며, 그만큼 어려운 문제라는 뜻입니다.

; 겉보기로는 알아보기 어렵다

이렇게 어려운 이유는 거짓 선지자들이 '양의 옷'을 입고 있기 때문입니다. '양의 옷', 겉으로 보기에는 도무지 구분하기 어렵다는 말씀입니다. 만일 거짓 선지자들이 이단적이라면 우리는 금방 알아볼 수 있을 것입니다. 그러므로 본문의 거짓 선지자들은 이단을 의미하신 것이 아닙니다. 소위 말하는 정통 신앙을 추구한다는 자들 안에 있는 신앙적 리더를 의미합니다. 이들을 이 세 가지 비유를 통해서 검증해 봐야만 한다고 하신 것입니다.

첫째 비유인 좋은 나무와 나쁜 나무의 비유는 나무를 보고서는 구분이 어렵습니다. 그래서 그 열매를 봐서 판단해야만 합니다. 즉, 겉보기에 쉽게 판별이 안 된다는 말씀입니다. 둘째 비유인 불법을 행하는 자들에 대한 비유도 마찬가지입니다. 이들 거짓 선지자들은 심지어 예수님을 '아도나이', 주님이라고 부릅니다. 더욱 심각한 것은 이들은 주의 이름, 예수님의 이름으로 많은 권능까지 행합니다. 그런데 이런 자들에게 미혹되지 않는다는 것이 쉽겠습니까? 겉보기로는 무슨 차이를 알 수 없습니다.

셋째 비유는 집에 대한 것입니다. 두 가지 집이 나옵니다. 흔히 말하는 반석 위에 집과 모래 위의 집입니다. 이 두 집도 그 겉보기로는 전혀 차이가 나질 않습니다. 둘 다 동일한 집입니다. 다만 기초만 다릅니다. 그렇기에 그냥은 전혀 보이지 않습니다.

이 세 가지 비유는 모두 분별의 어려움을 전제하고 있습니다. 그 어려움이 점층적입니다. 먼저 나무 열매는 비교적 단기간에 확인되기에 조금만 주의하고 기다리면 답을 얻을 수 있습니다. 두 번째, 불법을 행하는 자들에 대해서는 법(하나님 나라의 법)을 알아야 분별이 가능합니다. 세 번째, 집은 동일하고 그 기초가 다르니 확인할 길이 없습니다. 집이 무너져야, 홍수라는 큰 사건이 있어야만 비로소 알 수 있습니다. 그냥 서 있을 때는 알기 보기 어렵습니다.

; 좋은 열매를 맺으라는 것이 아니다

첫 번째 비유를 자세히 살펴보겠습니다. 이 비유는 좋은 나무에는 좋은 열매가 맺히고, 나쁜 나무에는 나쁜 열매가 맺힌다는 상식에 기대어 메시지를 전달하고 있습니다. 그런데 흔히 이 비유의 메시지는 '선한 행동'이나 '신앙 행위'에 열심을 내라는 말씀으로 이해되곤 합니다. 그래서 이 비유를 거론하면서 '열매를 맺자', '좋은 열매를 맺자'는 식의 교훈을 설파하곤 합니다. 이런 교훈이 구원론에까지 영향을 주기도 합니다. 마치 구원이 인간의 열심에 달려 있다는 식의 뉘앙스를 전달하기도 합니다.

비유를 해석할 때에는 세심한 주의가 필요합니다. 비유는 항상 그 초점이 어디 있는가를 제대로 보기 위하여 힘써야 합니다. 자칫 자신의 선입견을 비유로 해석하는 방법으로 사용하면 심각한 오해를 가져오기 쉽기 때문입니다.

우리는 이 비유를 좋은 포도나무와 나쁜 포도나무를 비교하신 것처럼 이해하려고 합니다. 좋은 포도나무는 새콤달콤한 포도 열매를 맺고, 나쁜 포도나무는 쓴 포도를 맺는다는 말씀인 것처럼 생각합니다. 이것은 예수님께서 하신 비유의 내용이 아니라 우리가 가지고 있는 선입견이며, 이 말씀에 대한 오해입니다.

이 비유의 초점은 전혀 다른 종류의 두 나무라는 것에 있습니다. 비유 속에서 가시나무와 포도나무를 대조하십니다. 가시나무를 나쁜 나무로 보고, 포도나무는 좋은 나무로 봅니다. 이 나무들은 서로 다른 나무이기 때문에 열매가 다릅니다.

이렇게 보면, 이 비유를 가지고 우리가 열심히 노력하면 좋은 열매를 맺게 되고, 불성실하면 나쁜 열매를 맺는다는 교훈을 이끌어낼 수 없습니다. 한 걸음 더 나가서 우리는 여기에 비교되는 나무들이 아닙니다. 나무는 '거짓이든 참이든' 간에 선지자에 비유되고 있습니다. 본인이 선지자가 아니라면 자신을 '나무'에 적용하지 마십시오.

예수님께서는 가시나무가 포도를, 엉겅퀴가 무화과를 열매 맺지 못하듯이 거짓 선지자들도 좋은 열매를 맺지 못한다는 불가능성을 판별법으로 삼아서 우리가 거짓 선지자를 가려내라고 하신 말씀입니다. 그들의 겉모습으로 구분하기 어렵다면 이렇게라도 거짓 선지자들을 구분하라는 말씀입니다.

이처럼 본문은 거짓 선지자에게 미혹되지 않도록 분별할 수 있는 판별 기준에 대한 말씀입니다. 그런데도 본문을 가지고 '좋은 열매를 맺자'라는 교훈을 이끌어내는 것은 신앙적이고 윤리적 가르침이 될 수는 있을지 몰라도 본문의 말씀을 듣는 태도가 아닙니다. 자신의 생각을 말하기 위한 도구로 예수님의 말씀을 사용하는 것에 불과합니다.

; 열매는 무엇인가?

겉모습은 같기 때문에 결과적으로 차이가 나는 열매를 봐야 합니다. 그런데 열매란 무엇인가? 윤리적 행위를 말하는 것인가? 그렇게 보면 우리는 다시 윤리적 행위의 문제로 돌아가게 됩니다. 윤리적으로 훌륭한 일을 하는 사람이야말로 바른 선지자라는 공식을 가진다면 이단들까지도 이 기준으로 인하여 참 선지자로 이해해야 할 것입니다.

서기관들과 바리새인들은 당대에 아주 훌륭한 사람들로 칭송받을 만큼 신앙적으로도 강직하고 윤리적으로도 뛰어난 사상과 행위의 소유자들이었습니다. 이들은 대단히 금욕적이면서 동시에 이타적 행위를 실천했습니다. 윤리적이며 신앙적 행위에 대한 기준에 따른다면 이들을 참 선지자로 받아들여야 마땅합니다. 그러나 예수님께서는 이들을 독사의 자식이라고 맹비난하셨습니다.

우리는 예수님께서 이 비유를 하신 이유를 다시 한 번 생각해야 합니다. 아래의 표를 보면서 유념하여 살펴보시기 바랍니다.

	15절	16-20절
유 사 = 겉모습 = 행위	양(양탈)	나무
대 조 = 본질 = 사상 = 신앙	양	좋은 열매
	이리	나쁜 열매

이 비유에서 좋은 나무와 나쁜 나무는 겉모습은 서로 비슷해 보입니다. 이것은 참 선지자와 거짓 선지자의 겉모습이 비슷할 것을 말합니다. 겉모습이란 이들의 행위를 말합니다. 둘 다 매우 훌륭한 신앙인이며, 존경스러운 인격과 도덕적 행위를 보여주고 있는 것입니다. 그 점으로는 이 둘을 구분할 수 없다는 말씀입니다.

; 열매로 그들을 알리라

참 선지자와 거짓 선지자들을 분별하기 위해서는 열매를 확인해야 합니다. 열매는 행위입니까? 아닙니다. 그렇다면 열매란 무엇을 의미합니까? 열매는 사상과 신앙입니다. 성경과 예수님에 대한 해설입니다.

지금 유대인 청중들 앞에는 전통적이고 대중적 지지를 받고 있는 넓은 문으로서의 유대교가 있습니다. 그리고 좁은 문으로서의 예수님을 따르는 길이 놓여 있습니다. 둘 다 성경에 대해서 이야기하고 있습니다. 이 둘은 매우 비슷해 보입니다.

그러나 한 쪽은 참 선지자이고, 한 쪽은 거짓 선지자입니다. 어떻게 구분합니까? 열매로 구분합니다. 성경 본의에 맞는 해설이 좋은 열매이며, 그렇지 못한 것은 나쁜 열매입니다.

성경의 본의에 맞지 않은 나쁜 열매를 맺는 서기관과 바리새인들은 나쁜 나무입니다. 거짓 선지자들인 서기관들과 바리새인들은 양의 옷을 입고 나오는 이리입니다. 하지만 이들은 겉모습, 이들의 행위는 대단히 윤리적이고 신앙적이기에 '양'과 같이 순하고 착해 보입니다. 그러나 그들의 신앙과 사상은 온전한 하나님의 말씀에 근거하여 이루어지지 않았습니다. 성경을 율법적으로, 형식주의적으로 가르쳤던 선생들의 가르침을 따르다가 성경의 본의로부터 너무 멀리 떨어져 나갔습니다.

그렇기에 그들이 말하고 실천하는 바가 성경이야기일지라도, 그 본질은 성경과 전혀 다른 사상적 기틀을 가지고 있는 것입니다. 그 본질의 결과물인 신앙도 성경의 본의와는 전혀 다른 열매로 맺히는 것입니다.

유명한 목사들과 학식 높은 신학자들이 있습니다. 이들이 모두 성경을 이야기 합니다. 그렇다고 그들이 자동적으로 참 선지자가 되는 것이 아닙니다. 누가 더 온화하고 따뜻하고 인격적으로 보이느냐는 열매가 아닙니다. 분별의 기준이 될 수 없습니다. 그것은 겉모양이 같은 나무입니다.

오직 성경 해설이 그들의 열매입니다. 예수님께서 말씀하신 그 본의에 따라서 바르게 해설하느냐, 유대교처럼 자신들의 선생들의 해석을 따르느냐, 아니면 아예 성경을 이용하여 자기 생각을 전파하느냐에 따라서만 판단해야 합니다. 그것이 그들의 열매입니다.

예수님께서는 우리 자신에게 그 분별을 맡기셨습니다. 우리가 해야 할 일입니다. 그런데 성경본의를 잘 몰라서는 바른 판단과 분별이 어려울 수밖에 없습니다. 그러면 거짓 선지자들에게 미혹되기 쉽습니다. 미혹되면 자신이 하나님 나라 백성으로서 풍성함을 누리지 못하고 어리석은 시절을 보내게 됩니다. 그렇기에 성경을 바르게 이해하기 위한 노력과 훈련이 반드시 필요합니다.

21 불법을 행한 자들

마태복음 7장 21-23절

----

²¹나더러 주여주여 하는 자마다 천국에 다 들어갈 것이 아니요 다만 하늘에 계신 내 아버지의 뜻대로 행하는 자라야 들어가리라 ²²그 날에 많은 사람이 나더러 이르되 주여 주여 우리가 주의 이름으로 선지자 노릇하며 주의 이름으로 귀신을 쫓아 내며 주의 이름으로 많은 권능을 행치 아니 하였나이까 하리니 ²³그 때에 내가 저희에게 밝히 말하되 내가 너희를 도무지 알지 못하니 불법을 행하는 자들아 내게서 떠나가라 하리라

; 기독교 안에 들어온 불법자를 분별해야 함

  이번에는 주의 이름을 부르는 불법자들에 대한 말씀입니다. 이들
은 앞의 나무 비유와 비교할 때에 더 구분하기 어렵습니다. 나무의
차이는 구분이 좀 까다로운 측면이 있지만 그런대로 쉽게 구분할 수
있습니다. 조금만 설명해 주면 금방 둘을 구분할 수 있습니다. 또한
나무는 계절이 돌아오면 자신의 자신됨을 열매로써 드러내기 때문
에 누구든지 알 수 있는 날이 옵니다.

  반면에 두 번째로 등장하는 불법을 행하는 자들은 분별하기가 훨
씬 어렵습니다. 이들은 외형적으로 합법적인 듯 보이기 때문입니다.
특히 법을 제대로 이해하고 있지 못한 이들 입장에서는 합법과 불법
에 대한 판단 자체가 불가능하기도 합니다. 이러한 어려움이 있음을
생각하면서 이 말씀을 살펴보아야 합니다.

  우선 먼저 생각하게 되는 것은 첫 번째 구분점과 두 번째 구분점의
차이입니다. 첫 번째는 서기관 및 바리새인과 예수님의 차이를 밝혀
주는 구분점입니다. 이는 유대교와 기독교, 다른 종교들과 기독교의

종교적 차원의 구별을 의미합니다. 그러나 두 번째 비유에서는 예수님을 "주여, 주여"라고 부르며 따르는 자들 가운데 있는 구분입니다. 즉, 예수 믿는다고 하는 사람들 가운데도 거짓 선지자들이 있으니 구별해내야 한다는 말씀입니다.

; 주의 이름을 불러도 구원을 얻지 못하는가?

²¹나더러 주여 주여 하는 자마다 천국에 다 들어갈 것이 아니요 다만 하늘에 계신 내 아버지의 뜻대로 행하는 자라야 들어가리라

예수님을 '주여, 주여' 하고 따르는 자가 천국에 다 들어가지 못한다는 말씀을 듣게 된다면 많은 신앙인들이 당황하게 될 것입니다. 다음의 말씀이 생각나기 때문입니다.

롬10:13누구든지 주의 이름을 부르는 자는 구원을 얻으리라

이처럼 성경은 예수님의 이름을 부르는 자들의 구원을 약속하고 계십니다. 이런 약속이 분명히 서 있는데 그 때, 심판 날에 가서는 예수님께서 부도 수표를 내시면서 나는 모른다고 발뺌을 하시겠다는 말씀을 어떻게 이해해야 할지 난감함을 느끼게 됩니다. 과연 이런 구절들과 지금의 본문은 어떻게 연결되고 이해되어야 하는지 정리해 보겠습니다. 위 구절의 문맥을 살펴보겠습니다. 로마서 10:10-14입니다.

¹⁰사람이 마음으로 믿어 의에 이르고 입으로 시인하여 구원에 이르느니라 ¹¹성경에 이르되 누구든지 저를 믿는 자는 부끄러움을 당하지 아니하리라 하니 ¹²유대인이나 헬라인이나 차별이 없음이라 한 주께서 모든 사람의 주가 되사 저를 부르는 모든 사람에게 부요하시도다 ¹³누구든지 주의 이름을 부르는 자는 구원을 얻으리라 ¹⁴그런즉 저희가 믿지 아니하는 이를 어찌 부르리요 듣지도 못한 이를 어찌 믿으리요 전파하는 자가 없이 어찌 들으리요

이처럼 앞뒤의 문맥을 살펴보면 '믿음'이 바탕이 된 부름이라는 것을 알 수 있습니다. 예수님께서 '눅6:46너희는 왜 나를 불러 주여, 주여 하면서 내가 너희에게 이르는 것은 행하지 아니하느냐' 고 심각하게 책망도 하셨습니다. 이렇게 보신 것처럼 성경은 우리가 예수님의 이름을 부른다는 사실, 하나님의 이름을 부른다는 것 자체를 중대하게 보지 않습니다. 오히려 별다른 믿음도 없이 하나님 이름, 예수 그리스도 이름을 부르는 것은 하나님을 망령되이 부르는 것이며 십계명에 금하신 행위입니다. 그러므로 본문의 사람들이 '주여, 주여'라고 부르는 것만 가지고서는 구원 신앙을 충족할 수 없습니다.

간혹 길에서 처음 만난 사람에게 영접기도라는 것을 강요하는 경우가 있습니다. 물론 이 기도를 통해서 예수님을 믿게 되는 사람이 없다고는 할 수 없을 것입니다. 하지만 그것은 오히려 그 사람의 심리적 상태가 이미 예수 그리스도를 향한 움직임이 있었음을 보여주는 것이지, 영접 기도가 어떠한 효력을 발생 시켜서 전도가 이루어지는 것은 아닙니다. 이는 아전인수 같은 적용입니다. 이런 강압적

이고 요행적인 전도방법은 오히려 예수 그리스도의 존귀를 침해하는 것이 되며, 복음을 싸구려 이월상품으로 취급하는 것이며, 결국 교회를 해치는 결과에 도달할 것입니다.

; 귀신도 믿고 떤다.

그래도 예수님의 이름을 부르는 것이 중요하다고 주장한다면 다음의 성경 본문들에 주목해 보아야 할 것입니다. 여기에서는 사람들이 예수님을 하나님 아들로 인정하지 못하고 있을 때 이미 '당신은 하나님의 아들이니이다.'하고 말하는 장면이 나오기 때문입니다.

^{눅4:41}여러 사람에게서 귀신들이 나가며 소리 질러 가로되 당신은 하나님의 아들이니이다 예수께서 꾸짖으사 저희의 말함을 허락지 아니하시니 이는 자기를 그리스도인 줄 앎이러라

귀신들은 예수님이 하나님 아들임을 알고 있습니다. 그렇게 인정하고 말합니다. 그러면 입으로 시인했으니 귀신도 구원을 얻는 것입니까? 절대 그럴 수 없습니다. 이처럼 귀신들이 복음을 알고 있으나 예수님께서는 전파하지 못하게 하셨습니다. 야고보 사도는 우리에게 이런 경고도 주셨습니다.

^{약2:19}네가 하나님은 한 분이신 줄을 믿느냐 잘 하는도다 귀신들도 믿고 떠느니라

이처럼 귀신도 하나님께서 한 분이심을 압니다. 이와 같이 귀신들이 예수님을 하나님의 아들이라고 부른다고 하더라도, 성경의 진리를 안다고 하더라도 결코 바른 신앙을 가질 수 없습니다. 하나님 뜻에 대해서 바른 이해를 갖고 그 뜻을 이루기 위한 추구가 없으면 바른 신앙이 될 수 없습니다. 자신이 알고 있는 내용에 침륜되어 믿거나 그런 편향된 복음을 전파하는 것은 불법을 행하는 것입니다. 이는 아무리 외형적으로 복음의 사역인 것으로 보여도 불법입니다.

; 예수님의 이름으로 활동하는 불법 사역자

예수님께서 내치신 사람들이 한 일을 볼 때 이들이야말로 참 믿음과 능력이 많은 사람들이 아니겠는가? 라고 생각하게 됩니다. 22절에 보면 이들은 예수님 이름으로 선지자 노릇을 했으며, 귀신을 쫓아냈고, 많은 권능을 행했다고 말합니다. 이들은 거짓말을 하는 것이 아닙니다. 여기서 감히 예수님께 거짓을 아뢸 수는 없습니다. 예수님께서도 거짓말이라고 책망하지 않으십니다.

이들로서는 얼마나 황당한 일일까? 자신들은 이렇게 선지자로, 축귀 사역으로, 권능을 행함으로 주의 일을 하느라고 나름대로 무척이나 고생했을 것이고 굳은 의지가 필요했을 것입니다. 그런데도 예수님께서는 모른다고 하시며 이들은 천국에 들어가지 못한다고 단언하셨습니다. 이들만 당황스러운 것은 아닙니다. 이처럼 예수님을 위해 헌신하며 능력 있는 하나님의 종들, 교회의 리더들이 구원을 얻지 못한다면 일반 신자들은 더욱 큰 어려움에 처하게 될 것으로 생각되기 때문입니다.

예수님께서 이들을 내치시며 이렇게 말씀하십니다. "불법을 행하는 자들아 내게서 떠나가라" 이들이 행한 선지자, 축귀, 많은 권능이 불법 행위라는 말씀은 아닙니다. 겉으로 보이는 모습과 행위는 참 선지자와 동일한데, 그 속이 합법과 불법으로 나뉜다는 것입니다. 이 비유들의 전제절, 15절을 상기해야 합니다.

^{마7:15}거짓 선지자들을 삼가라 양의 옷을 입고 너희에게 나오나 속에는 노략질하는 이리라

	15절	16-20절	21-23절
유 사 = 겉모습 = 행위	양(양탈)	나무	권능 사역
대 조 = 본질 = 사상 = 신앙	양	좋은 열매	합법 자
	이리	나쁜 열매	불법 자

겉모습과 행위로는 참 선지자처럼 꾸몄지만, 속은 불법을 행하는 거짓 선지자일 수 있다는 것입니다. 이는 다른 종교나 이단 종파에 속한 자들을 분별하라는 말씀이 아닙니다. 예수님을 '주님'으로 인정하는 기독교, 매우 정당하고 건전하다고 생각되는 교단에 속해 있다는 겉모습을 가지고 있다고 하더라도 거짓 선지자일 수 있다는 것을 의미합니다. 그러하기에 심지어 자신이 불법을 행하면서도 오히려 잘하는 일처럼 생각하여 예수님께 당당히 말씀을 드리기까지 합니다.

; 너희 신이로다

대표적인 사례를 하나 보겠습니다. 하나님께 경배한다고 하면서 벌였던 출애굽시의 한 제사에 주목해 볼 필요가 있습니다. 출애굽기 32:4-7입니다.

4아론이 그들의 손에서 그 고리를 받아 부어서 각도로 새겨 송아지 형상을 만드니 그들이 말하되 이스라엘아 이는 너희를 애굽 땅에서 인도하여 낸 너희 신이로다 하는지라 5아론이 보고 그 앞에 단을 쌓고 이에 공포하여 가로되 내일은 여호와의 절일이니라 하니 6이튿날에 그들이 일찍이 일어나 번제를 드리며 화목제를 드리고 앉아서 먹고 마시며 일어나서 뛰놀더라 7여호와께서 모세에게 이르시되 너는 내려가라 네가 애굽 땅에서 인도하여 낸 네 백성이 부패하였도다

아론은 모세의 형이며, 제사장입니다. 그런데 이 일을 주도하고 있습니다. 여기서 5절에 아론이 한 말을 주목해 보십시오. 우상을 만들고 축제일을 잡아 놓고서 이 날을 '여호와의 절일'이라고 말합니다. 이들은 지금 다른 신을 섬기고 있다고 생각하지 않습니다. 하나님을 섬기고 있다고 생각합니다. 하지만 하나님께서는 이들이 부패하였다고 하셨고 심판을 내리셨습니다. 이 사건을 보면서 우리의 신앙을 심각하게 고민하고 점검해 보아야 합니다.

; 내 아버지의 뜻대로

그렇다면 우리는 어떻게 불법을 행하는 자를 분별할 수 있을까? 본문에선 어떤 것이 불법인지, 어떻게 하는 것이 하나님 뜻대로 하는 것인지에 대한 구체적이고 상세한 가르침은 없습니다. 다만, '불법을 행하는' 것에 대조되는 말씀은 '하늘에 계신 내 아버지의 뜻대로 행하는' 것입니다. 하나님의 뜻대로 행하는 것은 오로지 성경에 근거하여 알 수 있습니다.

좀 더 강조되고 있다고 볼 수 있는 것은 예수님께서 그냥 '하나님의 뜻대로'라고 하지 않으시고, 명확히 1인칭을 쓰셔서 '내 아버지의 뜻대로'라고 표현하셨다는 것입니다. 이는 하나님의 뜻, 특히 구약성경의 해석함에 기준을 예수님의 아버지이신 하나님으로 전제해야 할 것을 말씀하신 것입니다.

이것은 당시로서 매우 충격적 선언입니다. 하나님의 뜻을 깨닫기 위하여 구약성경을 본다고 할 때에라도 여러 분파가 있었고, 그 가운데서도 여러 학파가 나뉘어 있었습니다. 예수님께서 이 산상수훈의 말씀을 하실 당시에 제자들을 비롯하여 모든 사람이 예수님을 '젊은 랍비' 정도로 이해하고 있었습니다. 신박한 주장을 펼치기는 하지만 여전히 다른 경쟁하는 일파들과 크게 다르지 않은 위치에 서 있는 것으로 보였습니다.

그런데 예수님께서 하나님을 '내 아버지'라고 하며 자신이 하나님의 아들이심을 표명하신 것입니다. 이로서 모든 전통 있는 학파와 학자들보다 오롯이 자신만이 하나님의 뜻을 아는 유일자라고 선언하신 것입니다. 그래서 7장을 마무리할 때, '²⁸예수께서 이 말씀을 마치시매 무리들이 그 가르침에 놀래니 ²⁹이는 그 가르치시는 것이 권세 있는 자와 같고 저희 서기관들과 같지 아니함일러라'는 증언이 따라오는 것입니다.

이렇게 놓고 보면 불법을 행한 자들이란 예수님을 주님으로 따른다고 하면서도 예수님을 또 한 명의 랍비로 여기는 자들을 가리킨다고 할 수 있습니다. 예수님께서 가르치시는 가르침에 절대성을 부여하지 않는 자들입니다. 앞에서도 말씀드렸지만, 이것은 그 당시에는 너무도 당연한 듯 보였을 것입니다. 오히려 예수님의 유일성과 그 가르침의 절대성을 선언하시는 예수님이 터무니없고 납득할 수 없었을 것입니다. 예수님을 상대화 하는 것이 보편적이었습니다.

; 예수님 중심성

오늘날 기독교는 분명히 예수님을 유일하신 분으로 믿고 따릅니다. 그런 믿음을 고백하는 자들이 기독교를 이루고 있으며, 그런 자들만 들어와야 합니다. 그런데 예수님을 상대화 하는 자들이 기독교 안으로 들어옵니다. 예수님을 상대화 하는 것은 또한 성경을 상대화 하는 것과도 깊이 연결되어 있습니다. 하나님의 뜻에 대한 예수님의 유일성과 절대성을 부인하는 것이 곧 예수님을 상대화 하는 것이기 때문입니다.

기독교의 선생님이고 리더라고 자처하는 자들 중에 이런 이들이 있음을 부정할 수 없습니다. 성경을 볼 때에 예수님의 아버지 뜻을 살피지 않고, 다른 이들에게 기대거나 자신의 생각에 근거한 주장을 펼치는 자들이 있습니다. 성경을 온전한 하나님의 말씀으로 믿지 않는 자들이 있습니다. 그래서는 하나님의 뜻을 알 수도 없고, 그 뜻대로 행할 수도 없습니다.

성경을 하나님의 말씀으로 온전히 믿고 나갈 때에야 비로소 하나님의 뜻을 알고 행할 수 있습니다. 예수 그리스도께서 역사의 중심 되심과 성경 전체가 예수 그리스도의 구원 사역에 대한 증언으로 이루어진 것임을 인정해야 세상과 자신의 삶에 대한 바른 이해와 통찰을 얻을 수 있습니다. 성경을 의지하고 성령님의 인도하심을 구하는 가운데 발 앞에 비춰진 빛을 따라 한 걸음씩 걷는 것입니다.

그런데 이런 깊이 있는 연구를 일반 성도들에게 요구하신 것은 아닙니다. 그러한 일을 잘 수행하는 것은 오랜 노력과 깊은 연구가 필요한 일입니다. 신자들 모두 거기에 매달려 살라고 하신 것이 아닙니다. 다만, 교회 리더들을 잘 살피고 분별을 하라고 하신 것입니다. 자신의 눈에 참 선지자이며, 참 목사, 참 리더처럼 보인다고 하더라도 거짓 선지자가 아닌지 점검하라고 하셨습니다. 그가 성경전체를 통하여 역사 속에 드러나는 온전한 하나님의 뜻을 따르는 자인지, 거스르는 자인지 잘 분별하라고 하신 것입니다. 예수님의 유일성과 가르치심의 절대성을 따르고 있는지 확인해야 합니다. 앞에 있는 자라고 무턱대고 믿지 말라고 하신 말씀입니다.

거짓 선지자들은 자신들이 가짜라는 사실도 모르고 자기 확신 가운데 열정적으로 일을 하고 다닙니다. 그래서 더 많은 사람들이 미혹되기 쉽습니다. 그야말로 초대형 사기 행각에 걸려드는 것입니다. 노략하는 이리에게 단단히 걸려든 양의 신세가 됩니다. 거짓 선지자들이야 자신들이 자신을 속인 것이니 특별히 할 말이 없을지 모르지만 거기에 속은 자들은 너무도 억울할 것입니다. 그러니 제대로 분별하기 위하여 노력해야 합니다.

22 동일한 두 집은 동일한 행위를 의미함

마태복음 7:24-29

----

^{24}그러므로 누구든지 나의 이 말을 듣고 행하는 자는 그 집을 반석 위에 지은 지혜로운 사람 같으리니 ^{25}비가 내리고 창수가 나고 바람이 불어 그 집에 부딪히되 무너지지 아니하나니 이는 주초를 반석 위에 놓은 연고요 ^{26}나의 이 말을 듣고 행치 아니하는 자는 그 집을 모래 위에 지은 어리석은 사람 같으리니 ^{27}비가 내리고 창수가 나고 바람이 불어 그 집에 부딪히매 무너져 그 무너짐이 심하니라 ^{28}예수께서 이 말씀을 마치시매 무리들이 그 가르치심에 놀래니 ^{29}이는 그 가르치시는 것이 권세 있는 자와 같고 저희 서기관들과 같지 아니함일러라

　지금 우리가 살펴보고 있는 비유들은 좁은 문으로 들어가는 것과 관련된 말씀들입니다. 좁은 문으로 들어가기 위해서는 무엇보다도 누구를 따라갈 것이냐의 문제가 중요합니다. 거짓 선지자를 분별함으로 이들의 미혹을 물리칠 수 있어야만 합니다. 예수님께서는 이런 거짓 선지자들을 분별할 수 있는 판별식 세 가지를 우리에게 말씀해 주셨습니다.

　먼저 나무와 열매의 비유에서는 거짓 선지자인 유대교의 미혹을 물리치고 참 선지자인 예수 그리스도를 따르는 기독교라는 좁은 문으로 들어가야 함을 말씀하셨습니다. 두 번째 불법을 행한 자에 대한 말씀은 기독교의 신앙 리더들 중에서 능력 있지만 사실은 거짓 선지자인 자들을 분별해야 한다는 이야기입니다. 그리고 이번 본문은 반석 위에 지은 집과 모래 위에 지은 집이라는 비유를 통하여 바른 신앙으로 들어가는 것에 대한 말씀입니다.

; 자력 구원적 해석을 거부함

　일반적으로 이 비유를 예수님의 말씀을 듣고서 '안' 행하지 말고,

반석 위에 집을 짓듯이 열심히 행하라는 말씀으로 이해합니다. 하지만 이 비유가 그리 간단하지 않습니다. 이 비유가 좁은 문과 넓은 문의 구분점과 연결되어 있으며, 또한 거짓 선지자를 분별하는 문제와도 연결되어 있음을 생각해야 합니다. 그렇지 않고 행위의 문제에 초점을 맞춰서 이 비유를 해석하게 될 때는 행하면 구원을 얻고, 행하지 아니하면 구원을 얻지 못한다는 식의 자력 구원적 메시지가 됩니다.

위와 같이 비유를 자력 구원 내지는 신인협동적 구원론으로 빠지지 않고 바른 해석을 한다는 것이 쉽지 않습니다. 그래서 본문을 여러 각도에서 해석해 보려는 노력들이 많았습니다. 그 중에 눈에 띄는 것은 26절의 '나의 이 말을 듣고 행치 아니하는 자'라는 문장의 번역을 바꿔서 이해하고자 하는 시도입니다. 부정을 문장 전체로 확대하여 이해하려는 것입니다. 그렇게 되면 '나의 이 말을 안 듣고 안 행하는 자' 내지는 '나의 말을 안 듣고 행한 자'라는 이해가 가능합니다.

그런데 이는 헬라어 원문에서는 불가능한 해석입니다. 원문을 직역하면 '내 말을 듣고, 그리고 그것들을 행하는 사람'과 '내 말을 듣고, 그리고 그것들을 아니 행하는 사람'이라고 명확한 대조를 이루도록 표현되어 있습니다. 위에서 말하는 것과 같이 문장 전체를 부정하거나 다른 부분에 적용할 수 없습니다. 이 비유에서는 분명히 동일하게 듣고서 행하는 자와 행하지 아니하는 자를 대조하고 있습니다.

; 비유에 쓰인 표상을 바로 정리해야 함

그렇다면 이 문제는 어떻게 해결해야 할까? 일단 비유 자체를 분석해 보는 것으로 시작하겠습니다. 비유에서 대조되는 두 집 모두 예수님 말씀을 듣고 지은 집입니다. 예수님 말씀을 듣고 '행하는'과 '행치 아니하는'이 집을 짓고 안 짓는 것으로 비유되지 않았음에 주목해야 합니다. 반석 위와 모래 위가 다를 뿐이지 둘 다 분명히 집을 지었습니다. 이것은 둘 다 '행위'를 했다는 것입니다. 앞의 두 비유처럼 여기서도 행위에서는 차이 없이 동일한 모습을 보인 것입니다.

우리는 15절이 이 비유의 전제 구절이라는 사실을 다시 한 번 상기할 필요가 있습니다. 15절과 세 비유들의 구조를 비교해 보겠습니다.

	15절	16-20절	21-23절	24-28절
유 사 = 겉모습 = 행위	양(양털)	나무	권능 사역	말씀 들음 = 집을 지음
대 조 = 본질 = 사상 = 신앙	양	좋은 열매	합법 자	행하는 자 = 반석
	이리	나쁜 열매	불법 자	안 행하는 자 = 모래

보시는 바와 같이 유사한 겉모습은 집이며 대조를 이루는 것은 반석과 모래라는 기초입니다. 이 비유도 다른 비유들과 동일한 구조를 가지고 있습니다.

하지만 예수님께서 '행한 자'를 '반석 위에 집을 지은 자'로, '행하지 않는 자'를 '모래 위에 집을 지은 자'로 말씀하셨기 때문에 정신을 차리지 않으면 비유의 표상들이 의미하는 바가 복잡하게 얽혀 버리게 됩니다. 많은 이들이 여기서 혼돈을 일으켜서 이 비유의 본의를 제대로 파악하지 못하게 됩니다. 그래서 반석 위에 집을 짓는다는 것은 선하고 신앙적 행위를 하는 것이고, 그래야 구원에 이르게 될 것이라는 뉘앙스에서 벗어나지 못하고 있습니다.

그러나 이렇게 세심히 살펴보면 이 비유가 말씀하는 '**행하는 것과 행하지 않는 것**'은 우리가 흔히 말하는 '**행위**'와는 분명히 다른 것임을 알게 됩니다. 위 표에서 보시듯이 겉모습은 동일하게 예수님 말씀을 듣고 있습니다. 이는 집과 연결되며 다른 비유들처럼 '행위'를 말씀하고 있는 것입니다. 즉, **예수님의 말씀을 듣는 것 자체를 '행위**'라고 하신 것입니다.

반면에 '행하는 자와 행하지 않는 자'는 비록 이들의 행위를 말하고 있는 듯 보이지만 대조를 이루고 있는 본질에 대한 내용입니다. 이는 반석과 모래로 연결되며 다른 비유들처럼 '사상과 신앙'을 말씀합니다.

이처럼 이 비유는 다른 비유들보다 훨씬 논리적으로 뒤틀려 있습니다. 대단히 복잡합니다. 이 비유가 이처럼 어렵고 복잡한 이유는 이 세 번째 단계에서 분별해내야 하는 내용이 그만큼 어렵다는 의미입니다.

; 반석과 모래 모티브

비유 자체를 좀 더 살펴보겠습니다. 이 비유는 지혜로운 자와 어리석은 자의 인생을 집으로 표상하고 있습니다. 집 자체는 다를 것이 없습니다. 둘 다 같은 종류, 같은 수준의 집을 상정하고 있습니다. 대리석 집이면 둘 다 대리석 집, 벽돌 집이면 둘 다 벽돌 집을 의미합니다. 뿐만 아니라 장소까지도 동일한 장소를 상정합니다. 비나 홍수, 바람까지도 동일하게 주어져야 하기 때문입니다. 하나는 언덕 위에 있고, 하나는 골짜기나 강변에 있다고 상정해서는 기초에 의한 영향을 대조할 수 없기 때문입니다.

이는 과학 실험에서 대조군을 만들고 단 한 가지 조건만 달리하는 것과 같은 원리입니다. 집을 포함하여 나머지 조건은 다 일정하게 유지되는 '통제변인'이고, 그 기초는 다르게 만드는 '조작변인'이라는 뜻입니다. 모든 조건을 동일하게 조건화하고 오직 그 주초를 놓는 자리만 달리하고 있는 것입니다. 한 집은 기둥을 세울 때 크고 단단한 바위가 나타날 때까지 깊게 파서 그 위에 주춧돌을 놓고 지은 집이고, 다른 한 쪽은 적당히 무른 땅에 주춧돌을 놓고 기둥을 세워서 지은 집입니다. 그래서 겉보기에는 완벽히 똑같은 집입니다.

집이 동일하다는 것은 두 사람의 삶의 수준과 질, 양태까지도 다르지 않다는 것입니다. 삶의 모든 수준과 질과 양태, 직장과 월급까지도 비슷한 두 사람이 그의 인생을 세우는 기초에서만 다른 것을 말합니다. 그리고 유일하게 다른 점으로 인하여 한 쪽은 풍파에도 견

디고, 한 쪽은 풍파로 인하여 심하게 무너지게 된다는 것입니다.

그렇다면 유일하게 다른 점인 반석과 모래라는 기초에 대해서 알아보도록 하겠습니다. 먼저 반석이란 모티브를 살펴보겠습니다. 이는 마태복음 16:16-18에 나타나고 있습니다. 여기서 베드로는 '주는 그리스도시오 살아계신 하나님의 아들이십니다'라는 신앙고백을 합니다. 이에 예수님께서는 이렇게 답하셨습니다.

마16:18내가 네게 이르노니 너는 베드로라 내가 이 반석 위에 내 교회를 세우리니 음부의 권세가 이기지 못하리라

베드로의 신앙고백을 '반석'이라 말씀하셨고 그 위에 교회를 세우겠다고 하셨습니다. 이 신앙고백의 핵심은 '예수님은 하나님이십니다.'입니다. 즉, 예수님의 말씀을 듣고 '예수님은 하나님이십니다.'라는 고백을 하게 되는 사람은 반석 위에 집을 지은 자라는 말씀입니다.

이 반석과 집이라는 모티브, 그것이 교회와 연결되는 모습은 고린도전서 3:9-11에서도 잘 나타나고 있습니다.

고전3:9우리는 하나님의 동역자들이요 너희는 하나님의 밭이요 하나님의 집이니라 10내게 주신 하나님의 은혜를 따라 내가 지혜로운 건축자와 같이 터를 닦아 두매 다른 이가 그 위에 세우나 그러나 각각 어떻게 그 위에 세우기를 조심 할지니라 11이 닦아 둔 것 외에 능히 다른 터를 닦아 둘 자가 없으니 이 터는 곧 예수 그리스도라

사도 바울은 자신이 지혜로운 건축자와 같이 터를 닦아 두었고 그 위에 다른 이들이 하나님의 교회를 세워 나가고 있음을 이야기 합니다. 이 터는 지혜로운 건축자가 닦은 터이기에 분명히 반석이며, 반석인 이 터는 바로 예수 그리스도입니다. 반면에 예수님 말씀을 듣는 또 다른 한 사람은 반석이 아니라 모래라는 기초를 가지고 있습니다. 모래가 무엇을 지칭하는지 정확히 알 수는 없습니다. 하지만 구약과 신약 전체를 살펴 볼 때, 모래는 많은 사람을 가리키는데 주로 쓰이고 있습니다.

　　이는 비유 안의 대조를 이루는 구조에 잘 맞습니다. 예수님이 하나님이시라는 고백은 그 기초를 반석에 둔 것입니다. 반면에 예수님을 수많은 인간들 중 한 분으로 여기는 사람은 그 기초를 모래에 둔 것입니다.

　　이상의 반석과 모래의 모티브를 받아들인다면 이 비유를 다음과 같이 해석할 수 있습니다. 예수님 말씀을 듣고 예수님을 하나님으로 고백하면 이는 곧 반석 위에 주초를 놓는 것입니다. 그리고 계속 예수님 말씀을 듣고 그 말씀대로 자신의 사상과 신앙을 세우고 실천해 나가는 것이 바로 집을 세우는 일입니다. 이 집은 기초가 튼튼하기 때문에 아무리 비가 오고 홍수가 나고 바람이 불어도 무너지지 않습니다.

　　한편 예수님의 말씀을 듣고 예수님의 말씀이 참으로 훌륭하고 따를 만한 가치가 있다고 생각해서 지속적으로 예수님의 말씀을 듣기는 듣지만 예수님을 반석으로, 예수님을 하나님이라고 받아들이지 않는 사람은 그 주초를 모래 위에 쌓은 것입니다. 이 사람도 예수님을 훌륭한 인간 선생님으로 여기는 기초를 가지고 있기 때문에 그 기초 위에 자신의 사상(신앙)을 세우고 실천해 나가는 것입니다. 그렇기에 이 사람도 집을 세운 것입니다. 하지만 이 집은 그 기초가 모래이기 때문에 여러 가지 인생 속의 어려움을 만나면 무너져 버리고 맙니다.

; 삶과 신앙이 무너지지 않으려면

착실히 교회에 다니며 신앙이 있다고 해서, 예수님을 믿는다고 하고 신실한 삶의 태도를 갖는다고 해서 다 구원의 신앙을 가지는 것이 아닙니다. 예수님을 하나님으로 믿고 고백함이 있어야 합니다. 예수님 당시에 이것을 받아들이기는 대단히 어려웠습니다. 예수님의 제자들이라고 할지라도 아무도 이 말씀을 알아듣거나 동의하지 못했습니다. 절대적인 유일신 신앙에 빠져 있던 유대인 그 누구도 예수님을 하나님이라고 고백하는데 동의하지 못했습니다.

베드로가 신앙고백을 했을 때에도 베드로 스스로 알고 있기 보다는 하나님께서 알려 주셨던 것입니다. 이후에 예수 그리스도께서 십자가에 달려 죽으시고 부활하신 후에야 이들이 비로소 이 사실을 깨닫고 믿을 수 있었습니다. 그 이전에는 제자들도 몰랐고 예수님을 인간으로만 생각하고 모래 위에 쌓았던 것이며, 그래서 예수님께서 고난당하고 죽임을 당하실 때에 아무도 남질 않고 다 무너졌던 것입니다.

하지만 부활의 사건을 본 후에 이들이 예수님께서 하나님이심을 온전히 믿으면서부터는 어떤 환난과 핍박 속에서도 죽음을 두려워하지 않고 마치 반석 위에 세운 집처럼 담대히 서 있을 수 있었습니다.

오늘날 기독교 안에 예수님을 하나님의 아들 즉, 예수님이 하나님이시라는 고백을 하지 않는 자들이 또한 많습니다. 이들은 꾸며낸 신화라고 하거나 제자들에 의해서 과장되었다고 하거나 예수님을 그저 한 사람의 사상가나 철학자, 혁명 운동가로 여깁니다. 기독교 밖에서는 이런 이야기들이 나올 수 있습니다. 그러나 이런 이야기들은 오히려 기독교 안, 그것도 하나님 말씀이 바르게 해명되고 예수 그리스도의 하나님 되심을 바르게 빛내기 위하여 애써야할 신학계에서 더 많이 이야기 되고 있습니다. 이런 식으로 말하는 사람이 오히려 유식한 사람처럼 보이는 실정입니다.

그러나 이러한 모든 것은 다 모래 위에 지은 집과 같이 어리석은 것입니다. 이들은 비가 내리고 홍수가 나고 바람이 불어오는 시험이 닥치면 자신들의 모든 사상과 신앙이라는 것이 얼마나 허술한 것인지 알게 될 것입니다. 인간들이 만들어낸 논리만을 가지고 이 세상에 서 있는 것은 참으로 어리석은 일임을 깨닫게 될 것입니다. 이것은 아무리 신실한 모습을 하고 있다고 하더라도 바른 신앙이 아니며 구원 신앙이 아닙니다. 사상과 신앙이 인생 속에서 만나는 비와 홍수와 바람 뿐 아니라 최후의 심판의 날에 만나게 되는 불의 시험 속에서도 능히 서 있을 수 있으려면 이 반석의 터, 예수 그리스도께서 하나님이시라는 고백의 터 위에 집이 서 있어야 합니다.

고린도전서 3:11-15

¹¹이 닦아 둔 것 외에 능히 다른 터를 닦아 둘 자가 없으니 이 터는 곧 예수 그리스도라 ¹²만일 누구든지 금이나 은이나 보석이나 나무나 풀이나 짚으로 이 터 위에 세우면 ¹³각 사람의 공적이 나타날 터인데 그 날이 공적을 밝히리니 이는 불로 나타내고 그 불이 각 사람의 공적이 어떠한 것을 시험할 것임이라 ¹⁴만일 누구든지 그 위에 세운 공적이 그대로 있으면 상을 받고 ¹⁵누구든지 그 공적이 불타면 해를 받으리니 그러나 자신은 구원을 받되 불 가운데서 받은 것 같으리라